Robert Pattinson
Biografía no autorizada

Robert Pattinson
Biografía no autorizada

Virginia Blackburn

Traducción de Victoria Horrillo

Rocaeditorial

Título original inglés: *Robert Pattinsson. The unauthorized biography.*
Copyright © Virginia Blackburn, 2009

Primera edición: marzo de 2010

© de la traducción: Victoria Horrillo
© de esta edición: Roca Editorial de Libros, S.L.
Marquès de l'Argentera, 17, Pral.
08003 Barcelona.
info@rocaeditorial.com
www.rocaeditorial.com

Impreso por Brosmac, S.L.
Carretera de Villaviciosa - Móstoles, km 1
Villaviciosa de Odón (Madrid)

ISBN: 978-84-9918-104-2
Depósito legal: M. 2.234-2010

Índice

1. Amor al primer mordisco 9
2. Nace una estrella 22
3. Buscando el éxito desesperadamente 36
4. Con Harry Potter en el candelero 51
5. Confuso y despeinado 66
6. Ansias de cine independiente 81
7. Cae el *Crepúsculo* 97
8. Edward desencadenado 116
9. Los martes, *Crepúsculo* 131
10. Quién sale con quién 149
11. Rob, el músico 164
12. *Robsesión* 172
    Agradecimientos 183
    Fuentes 185

1

Amor al primer mordisco

*E*ra el 17 de noviembre de 2008 y el centro de Los Ángeles enloquecía. En las calles que rodean el Mann Village Theater miles de personas hacían cola entre gritos, cánticos y lágrimas. Algunas llevaban horas, días incluso, esperando para presenciar un acontecimiento destinado a convertirse en el mayor hito del mundo del espectáculo de ese año. Mientras caía la noche sobre el imponente edificio (sede de algunos de los estrenos cinematográficos más sonados del mundo), algo semejante a la histeria impregnaba el ambiente.

Ese día se estrenaba *Crepúsculo*. La esperada película basada en la popular novela de Stephenie Meyer acerca de un vampiro y una chica humana que se enamoran no necesita mayor presentación. Los coches aparcados en las inmediaciones del cine llevaban escritos mensajes destinados a la multitud congregada para asistir al estreno. «*Crepúsculo* o revienta», se leía en un parabrisas. «Equipo Edward», rezaba otro.

Llegaron por fin los protagonistas, y la euforia del público se convirtió en tumulto. Allí estaba la figura sinuosa a la que todos esperaban, uno de los actores jóvenes más deseados del planeta: Robert Pattinson, el héroe indiscutible del momento, pese a sus escasos veintidós años.

Su encarnación del «buen vampiro» Edward Cullen en la película era ya una de las interpretaciones cinematográficas más discutidas de la década. En aquel momento, las fans enloquecieron al verlo en persona, y Robert hizo lo posible por complacerlas. Vestido de negro de la cabeza a los pies, con su famoso pelo cayéndole en desorden sobre la frente, se enfrentó a la multitud como lo que estaba aprendiendo a ser: un profesional. Firmaba autógrafos, posaba para las cámaras, abrazaba a admiradoras tocadas por la fortuna y hacía cundir el entusiasmo allá donde iba. Por si quedaba alguna duda sobre lo que sentían las fans, en una pancarta, entre el gentío, podía leerse: «Tengo dieciséis años y nunca me han besado. ¿Quieres ser tú el primero?». Otra, más prosaica, ofrecía «tapones de oídos gratis para RPattz» (uno de los muchos apodos por los que se lo conoce), si se paraba a saludar.

Robert lo estaba haciendo bien; se desenvolvía con soltura en un ambiente que habría hecho buscar refugio en el interior del cine a muchas estrellas más experimentadas. Pero ni siquiera él entendía del todo el furor que se había desatado.

«La única palabra que se me ocurre es "alucinante" —les dijo a los reporteros de MTV News mientras avanzaba por la alfombra roja—. Estoy alucinado. Esto es una locura. No te lo esperas. ¡Me he quedado completamente sordo!»

La reacción del público ante lo que en principio parecía ser poco más que una película pequeña de culto superaba con creces, en efecto, todo lo que Robert había conocido hasta entonces, pese a su aparición en la serie de *Harry Potter*.

«No me esperaba tanto alboroto —declaró a *Entertainment Weekly*—. Cada semana que pasa parece haber más expectación y más euforia. Y ésta es mi vida. La gente sabe mi nombre y me aborda por la calle, intenta averiguar en qué hotel me alojo... Hasta me piden que los muerda y quieren tocarme el pelo. Ya he asumido que esto está pasando de verdad, pero todavía me parece surrealista.»

Era surrealista. Las fans estaban tan enamoradas que hacían las cosas más extrañas: «Había chicas que se hacían arañazos para que les sangrara el cuello cuando se acercaban a que les firmara un autógrafo —reveló Robert—. Y me decían: "Lo hemos hecho por ti". Yo no sabía qué decirles. "¿Gracias, chicas?"».

El entusiasmo que rodeaba a Robert tenía indudablemente tintes de fanatismo extremo, y en ocasiones resultaba peligroso. Apenas un mes antes, en California, una firma de autógrafos se desmandó hasta tal punto que una chica acabó con la nariz rota y otra perdió el conocimiento; al final, los guardias de seguridad tuvieron que suspender el acto.

Una persona que parecía comprender hasta cierto punto por qué enloquecían las fans era la actriz Kristen Stewart, que naturalmente asistió al estreno junto con Rob y el resto del reparto, ataviada con un atractivo vestido de falda roja y corpiño asimétrico, en tonos crema y negro: la paleta de colores perfecta para *Crepúsculo*. Kristen, coprotagonista de la película junto a Rob, hacía el papel de Bella Swan, la adolescente norteamericana que poco a poco se da cuenta de que se ha enamorado de un vampiro. En el libro y en la película, Edward y Bella mantienen una relación extremadamente intensa, y Kristen sabía que era eso (junto con el innegable atractivo físico de Robert) lo que motivaba el comportamiento de las fans.

«El libro es muy fuerte y las fans son apasionadas, así que lo entiendo —dijo en declaraciones a la revista *US*—. Estoy deseando ver la película. Todo el mundo habla de ella, pero nadie la ha visto. Es difícil hablar hasta que la vea.»

Tal era el furor esa noche que incluso a iconos *hollywoodienses* de primera fila les costó hacerse notar. Se vio a Jamie Foxx intentando abrirse paso entre el gentío para que su hija conociera al guapo actor, y Kim Basinger y su hija Ireland se hicieron una foto con Rob. Claro que para entonces Rob ya iba acostumbrándose a levantar pasiones. Poco antes del estreno, *Entertainment Weekly* lo había incluido entre las diez grandes estrellas en ciernes de 2008. Aquél era el gran momento, y él ocupaba el centro del escenario.

Culminaba así el año de creciente expectación transcurrido entre el momento en que fue designado oficialmente para el papel y su asistencia al estreno. Aquélla no iba a ser, sin embargo, una ocasión excepcional: ejemplificaba, por el contrario, el nuevo estilo de vida de Rob. Sometido a una intensa presión mediática desde que doce meses antes abandonara su Inglaterra natal con motivo del rodaje, Rob había tenido que madurar a marchas forzadas. Llevaba casi un año viviendo en Los Ángeles, en un apartamento de alquiler a cuyas puertas lo esperaban constantemente sus fans más fieles, a las que por entonces se conocía ya como *twihards*: «A veces hay chicas acampadas fuera, pero está bien —declaró a *Entertainment Weekly*—. Es curioso, pero la gente a la que le gusta este libro suele ser increíblemente educada. Si fueran hombres mayores, seguramente me mudaría».

Ahora, esas mismas fans iban a tener por fin la oportunidad de ver la ansiada película. Muchas cosas dependían de cómo fuera acogido el film; entre ellas, su secuela, con la presión mediática que ello supondría para su joven y atractivo protagonista. Tal vez Robert Pattinson hubiera tenido un año para hacerse a la idea, pero lo cierto era que su vida estaba a punto de cambiar para siempre.

Un año antes, las cosas eran muy distintas. El anuncio de la inminente adaptación cinematográfica de *Crepúsculo*, la primera novela de la serie de vampiros de Stephenie Meyer, levantó gran revuelo. Únicamente mediante el boca a boca, los libros de Meyer habían pasado de lectura de culto para adolescentes a fenómeno de masas, y se vendían ya por millones. Su autora era aclamada como la nueva J. K. Rowling. Y al igual que ésta, había creado, qué duda cabe, una serie de novelas de lectura compulsiva cuya perspectiva sobre el mundo de lo sobrenatural resultaba nueva y refrescante. El atractivo de sus libros tenía, en efecto, múltiples facetas: no sólo había en ellos una historia de amor central entre Edward y Bella, sino también un modo distinto de retratar a los vampiros, caracterizados como criaturas capaces de tomar decisiones morales.

Los miembros del clan Cullen, al que pertenece Edward, eligen el bien. Son vampiros que rechazan la sangre humana y sacian su horrenda sed sirviéndose de animales, pese a pagar por ello un precio terrible. Siempre vigilantes, practican el autocontrol, pero no pierden nunca el gusto por la carne humana.

Debido a la inmensa popularidad de las novelas, se esperaba con impaciencia el anuncio de quién sería el encargado de dar vida a su figura central, Edward Cullen. Esta expectación, sin embargo, se convirtió en perplejidad al hacerse público el nombre de Rob. «¿Rob qué?», parecieron preguntarse casi todos los comentaristas, porque aunque este joven actor tenía una sólida trayectoria a sus espaldas, estaba muy lejos de ser un nombre conocido. En efecto, lo más destacable de Rob (aparte de su asombroso atractivo físico) era su relación con la serie de películas de *Harry Potter*, en las que interpretaba a Cedric Diggory. Por lo demás, los productores estaban asumiendo un riesgo elevado. Un riesgo que iba a dar unos resultados espectaculares.

Stephenie Meyer, sin embargo, supo desde el principio que no se habían equivocado al elegir a Rob. Ella fue la encargada de dar la noticia a través de su blog: «Estoy encantada con la elección de Summit [la productora] para el papel de Edward —escribió—. Hay muy pocos actores capaces de mostrarse al mismo tiempo bellos y peligrosos, y aún menos a los que pueda imaginarme encarnando a Edward. Robert Pattinson estará asombroso». Tenía razón.

Durante un tiempo, sin embargo, dio la impresión de que los productores habían cometido un terrible error. Incluso entre las fans que poco después se convertirían en el mayor apoyo de Rob hubo en principio una reacción hostil, aunque fuera muy breve. La madre de Rob se sintió impelida a decirle a Stephenie Meyer que había leído en Internet que su hijo era feo, contrahecho y que tenía cara de gárgola: «Me disculpé con Rob por haberle destrozado la vida», dijo Stephenie. La sagaz autora sabía, no obstante, que esta actitud no duraría mucho y que, tras enfrentarse a aquella hostilidad inicial, el joven actor tendría que vérselas con algo de índole muy distinta: la adulación generalizada.

Tan preocupada estaba, de hecho, con el efecto que ésta podía tener sobre él que habló con los encargados del film. «Le pregunté al productor: "¿Rob está preparado para esto? ¿Lo habéis puesto sobre aviso? ¿Está listo para ser el chico del momento?". No creo que lo esté. No creo que tenga esa visión de sí mismo», declaró en una entrevista para *Entertainment Weekly*.

No se equivocaba, ciertamente, respecto a la percepción que poco después iba a tenerse de Rob: un par de meses más tarde, en los numerosos foros abiertos para debatir sobre la película, un mensaje típico acerca de Rob rezaba: «Cuando Dios hizo a Robert Pattinson, se estaba luciendo».

13

En muchos sentidos, Rob parecía tan desconcertado como todos los demás. Antes había trabajado como modelo; sabía que su apariencia física no era desagradable, pero aun así el énfasis que se ponía en el físico de Edward y, por tanto, en el suyo, hacía que se le subieran un poco los colores.

«La gente del *casting* me dijo cuando hablamos: "Léete el libro"», declaró Rob a la página web www.agirlsworld.com durante una visita a la Comic-Con (la Convención del Cómic) de San Diego, uno de los numerosos eventos a los que asistieron los protagonistas de *Crepúsculo* antes del estreno de la película. «Me lo leí y pensé: "Esto es una idiotez. Es tan absurdo que no sé ni para qué me presento", que es lo que pensaron la mayoría de las fans. Después, cuando me eligieron, la gente decía "pero si ni siquiera era una opción". La verdad es que fue una decisión muy sorprendente. Es bastante raro. Pasé mucho tiempo pensando: "¿cómo voy a tomarme como una interpretación todo eso de la belleza física?". Entonces me di cuenta de que la única que dice que Edward es guapísimo es Bella, y está enamorada de él, obsesionada con él. Edward podría ser un callo y ella seguiría diciendo lo mismo.»

En efecto, los críticos podían estar desconcertados, pero después de aquella primera reacción, las fans no lo estaban. Desde el momento en que Stephenie, la creadora del Edward original, le dio el visto bueno, Rob se convirtió en un rompecorazones casi literalmente de la noche a la mañana. Los productores de otra película muy distinta, *How to be*, de la que hablaremos más adelante, vieron con perplejidad cómo aumentaba de pronto el interés por su cinta al presentarla en el Festival Internacional de Cine de Rhode Island; el motivo, naturalmente, era que Rob tenía un papel en ella (un papel muy diferente, por cierto, al del romántico y melancólico Edward Cullen).

El propio Edward era ya mucho más que un héroe romántico al uso: era arrebatador. Un semidiós. Tenía la cara de un ángel y el físico de un joven dios griego. Era melancólico y temperamental, en cierto sentido una figura trágica por estar convencido de que su naturaleza vampírica le había robado el alma, y sin embargo, es capaz de una enorme pasión cuando

14

encuentra a la mujer adecuada, tras casi un siglo de búsqueda. Como objeto de deseo estaba a la altura de Heathcliff y el señor Darcy (los héroes inmortales de *Cumbres borrascosas*, de Emily Brontë, y *Orgullo y prejuicio*, de Jane Austen, respectivamente) y formaba parte, además, de una compleja relación amorosa. A los ojos del público femenino, no se podía ser más atractivo.

Rob se ha referido en más de una ocasión al hecho de que los vampiros tengan cierto *sex-appeal*, pero fue capaz de concebirlos también como seres compasivos, y dotar así de hondura a su interpretación del personaje. Como él mismo ha señalado, Edward nunca quiso ser un vampiro, ni eligió serlo, y el hecho de que, tras casi un siglo buscando compañera, se enamore de una mujer mortal, entraña en sí mismo una tragedia futura. Rob no se quedó ahí, sin embargo: vio también la tragedia innata común a todos los vampiros. Los seguidores del libro compartían su perspectiva (era, indudablemente, el enfoque que Stephenie Meyer había querido dar a la situación), lo que demuestra nuevamente que Rob entendía la mentalidad del público que rendía culto al libro y a sus personajes.

Aunque a menudo parecía eclipsar a los demás, Rob no era la única estrella de la película. Había también, como es lógico, gran interés por el personaje de Bella, papel que había correspondido a la joven actriz Kristen Stewart. La relación entre Edward y Bella es el eje de la novela: era primordial, por tanto, que hubiera la química necesaria entre los dos protagonistas. Rob era muy consciente de ello; hasta el punto de que su interacción con Kristen en pantalla fue otro factor importante a la hora de impulsarlo a aceptar el papel. Efectivamente, la relación entre los dos protagonistas resultó tan apasionada que muy pronto comenzó a rumorearse con insistencia que entre ellos había surgido el amor.

«Eché un vistazo al libro y pensé que era imposible interpretar el papel, y en esa misma época hice la prueba con Kristen, y la verdad es que no me imaginaba para nada que la chica que iba a hacer el papel de Bella fuera así —declaró a www.teenhollywood.com—. Fue como si surgiera algo de pronto. Por eso, después me entraron unas ganas enormes

15

de hacer la película. Me sentí muy a gusto haciendo la prueba. Kristen es buenísima. Es una actriz increíble. Le va a ir muy, muy bien. En muchos sentidos, en *Crepúsculo*, Bella es una especie de damisela en apuros, pero Kristen es como muy dura. Es interesante porque ves a esta chica mortal manteniendo una relación con alguien que es prácticamente un semidiós, y en muchos sentidos ella es mucho más fuerte, y Edward se apoya en ella. Eso me gustaba mucho. Kristen tiene esa fuerza interior.»

Cuando empezó el rodaje, Rob y Kristen concedieron una entrevista a MTV News en la que desvelaron detalles muy interesantes acerca de cómo estaban encarando sus respectivos papeles. Les preguntaron entonces por la inevitable comparación con *Harry Potter*.

«Creo que las dos son grandes filones […]. Dos auténticas máquinas de hacer dinero», contestó Kristen con bastante pragmatismo.

Rob se mostró más reflexivo: «[Las dos] utilizan metáforas distintas —dijo—. Lo raro de ésta [*Crepúsculo*] es que esté tan entreverada de erotismo, mucho más que *Harry Potter*, como lo está prácticamente todo lo que tiene que ver con los vampiros, principalmente porque es una historia de amor. *Harry Potter* no lo es, en realidad, así que mucha de la carga metafórica [de *Crepúsculo*] gira en torno al deseo adolescente. Es una película muy erótica».

Los seguidores de la serie, ansiosos por conseguir información sobre la nueva película y sus protagonistas, devoraban con avidez todas estas declaraciones. La campaña de *marketing* se había puesto en marcha: para excitar más aún el apetito de los fans, la MTV emitió una de las escenas centrales de la película (la pelea en la escuela de ballet, en la que Bella está a punto de perder la vida).

A decir verdad, la acogida del libro y de Robert por parte de los fans había sido tan entusiasta que casi parecía superfluo llevar a cabo una campaña de *marketing*: la película tenía el éxito asegurado, siempre y cuando fuera un reflejo medianamente fiel del libro. A medida que crecía la adoración del público por Robert, el acierto de su elección para el papel de Edward se hacía cada vez más patente.

En julio de 2008, la Comic-Con despejó todas las dudas respecto a la expectación que estaba generando la película. La convención, que se celebra anualmente en San Diego durante cuatro días, fue en sus orígenes un escaparate del sector del cómic, pero se ha expandido para dar cabida a todos los aspectos de la industria del entretenimiento. Actualmente suelen dejarse ver por ella las estrellas de películas de inminente aparición, a fin de encontrarse con los fans y de promocionar el estreno.

Fue allí donde se presentó por primera vez el elenco de *Crepúsculo* al completo, arropado por Stephenie Meyer y Catherine Hardwicke, la directora del film. Seis mil quinientos fans esperaban al equipo en el auditorio donde tuvo lugar la presentación. Que Rob levantaba pasiones quedó claro cuando su aparición eclipsó la de otras estrellas presentes ese año en la convención, como Mark Wahlberg, Hugh Jackman o Keanu Reeves.

Aunque ese día todo el reparto de la película sufrió el acoso de los fans, no quedó duda alguna de quién era el verdadero protagonista del espectáculo. Aparte de la ensordecedora ovación que recibió al subir al escenario, cada vez que decía algo, buena parte del público estallaba en gritos de «¡Te queremos, Robert!». Las preguntas fueron por el estilo. Una especialmente memorable fue: «¿Qué se siente al interpretar a un vampiro supermacizo?». Otra fan afirmó: «Sólo necesitaba una excusa para acercarme a hablar contigo, Robert». El joven actor se desenvolvió a la perfección, a pesar de que, como confesaría más tarde, todo aquello seguía pareciéndole irreal.

Al acercarse la fecha del estreno, se temió que las cosas no fueran del todo bien: corrían rumores de que estaban volviendo a rodarse algunas escenas de la película. Al final, no hubo de qué preocuparse: el tiempo en Oregón, donde se desarrolló el rodaje, había dado más problemas de los que esperaban los productores. Por otra parte, ciertas escenas habían quedado inacabadas debido a que algunos actores eran menores de edad. Entre ellas, la esperada escena del beso de Edward y Bella en el dormitorio. Kristen tenía diecisiete años en el momento de rodarse las primeras tomas de dicha escena; estaba obligada, por tanto, a dedicar tres horas diarias a sus estudios durante el rodaje. Ello, unido al gran número de cámaras necesarias para la grabación, impidió que se concluyera la escena en su momento.

Había que rehacer, además, la escena de la nana de Bella, en la que la cámara se centra en los hermosos y finos dedos de Robert, puesto que por fin se había decidido cuál iba a ser la obsesiva melodía que Edward interpreta al piano. En las primeras tomas, Rob había tocado una de sus propias composiciones. Posteriormente, al elegirse el tema del compositor de bandas sonoras Carter Burwell, Rob tuvo que volver a rodar la escena tocando la nueva pieza, de modo que cuando la cámara enfocara sus manos el movimiento de sus dedos se correspondiera con la melodía.

Aunque en esa escena se prescindió del tema compuesto por él, en el Comic-Con se anunció que la contribución de Rob a la película no iba a limitarse a la interpretación del papel de Edward. Al igual que el personaje al que da vida, Rob tiene talento para la música, y dos de sus temas habían sido seleccionados para formar parte de la banda sonora.

El revuelo en torno a él era cada vez mayor: la revista *Entertainment Weekly* publicó un artículo de portada sobre Robert que demostraba que, al menos, el joven actor no había perdido su sentido del humor. Su pelo ocupaba gran parte de la fotografía de portada, extendiéndose en grandes y lustrosas ondas, lo cual le valió más de una pulla. «Parece que de pronto me ha salido tupé, ¿no? —comentó con sorna en declaraciones a *Los Angeles Times*—. No sé qué pasó. Pero, en fin, la revista sólo está una semana a la venta.»

A medida que crecía el frenesí en torno a la película, fue aflorando una nueva e interesante faceta de su popularidad. Robert no era el único que despertaba pasiones. Taylor Lautner, el actor que encarna a Jacob Black (el nativo norteamericano destinado a convertirse en licántropo en la segunda parte de la serie), despertaba también enorme interés entre el público femenino. Las revistas de adolescentes empezaban a publicar artículos comparando a los dos ídolos (en este sentido, no venía mal que, tanto en las novelas como en la serie cinematográfica, ambos fueran rivales enfrentados literalmen-

18

te a muerte), y de pronto había un Equipo Jacob, además de un Equipo Edward.

Los dos actores se lo tomaban bastante bien: ambos seguían la corriente a sus fans («¿Edward? ¿Quién es Edward? ¿En el libro hay algún personaje que se llame Edward?», preguntaba Taylor en una entrevista publicada en www.hollywood.com. «Es broma», añadía), pero entre bambalinas se llevaban a la perfección. Ambos eran conscientes de que el libro y la película estaban generando una expectación fabulosa, y a ninguno parecía preocuparle que las fans se decantaran por uno u otro equipo.

Robert, en todo caso, empezaba a parecer un poco azorado por su estatus de «chico de calendario». Teniendo en cuenta que su elección para el papel de Edward había despertado en principio reacciones muy negativas, le costaba creer que se hubiera operado un cambio tan radical. «La verdad es que soy bastante solitario y no se me da muy bien relacionarme con los demás —reconocía en declaraciones al *Daily Telegraph*, y añadía—: Casi siempre tengo la impresión de que salir es una pérdida de tiempo total. Prefiero quedarme en casa y crear algo, antes que salir y ponerme a charlar. Tiene gracia, pero hace un año, cuando salía y hablaba con chicas, no parecía interesarle a ninguna [...]. Luego, cuando se anunció que iba a salir en *Crepúsculo* y la autora del libro me puso su sello de aprobación, pareció que todo el mundo cambiaba de idea. Es alucinante el caso que me hacen ahora.»

Rob era consciente, desde luego, de que el libro era la clave de todo: «Es increíble. Uno sabe que es básicamente por el libro. La novela tiene muchísimos fans obsesivos, fieles hasta la obsesión —dijo en una entrevista con *CanMag*—. Es extraño porque la gente te identifica inmediatamente con tu personaje, en lugar de verte como un actor. La verdad es que desde que me dieron el papel no he mirado [en Internet]. Resulta bastante raro. Cuando lees la descripción de Edward, dice que es tan bello que hace daño mirarlo. A mí me parece bastante difícil interpretar eso, así que no sabía muy bien cómo arreglármelas para hacerlo. Espero que haya habido mucha posproducción». Señal ésta de que Rob conservaba su sentido del humor y su humildad, cosas ambas que iban a ser cruciales

19

para ayudarlo a mantenerse con los pies en el suelo durante los meses siguientes.

Casi de un día para otro, tal y como Stephenie Meyer había vaticinado, Rob había pasado de ser «Robert ¿qué?» a ser un ídolo juvenil, y más de un actor había perdido el norte al verse sometido a tales niveles de adulación. Rob no mostraba signos de perderlo, por el momento. Nunca ha dado la impresión de creerse lo que se dice de él, ni se ha comportado como si se considerara tan atractivo como dicen las fans. Esa actitud le augura una carrera larga y duradera.

Justo antes del estreno de la película, Rob y el resto del reparto protagonizaron una gira mundial que hizo cundir la histeria allá donde recaló. «No se me da muy bien afrontar estas cosas», reconoció en declaraciones al programa *Newsbeat* de la BBC, en una de las muchas entrevistas previas al estreno que concedió a diversos periódicos, revistas y cadenas de televisión de varios continentes.

La película se iba a estrenar primero en Los Ángeles, después seguiría su estreno oficial en ciudades de todo el globo, entre ellas Londres, Tokio, Vancouver y Madrid. No era de extrañar que todo aquello le resultara abrumador. Y sin embargo, sobrevivía.

En referencia a las innumerables apariciones personales, rodeadas de alboroto, que había hecho ya había dicho: «Me limito a aguantar el tirón. Dejo de pensar y me quedó ahí parado. Aguanto mejor los gritos que las fotos. Eso es lo peor, cuando uno tiene delante una pared de fotógrafos. Nunca he entendido muy bien su mecánica de trabajo. Te gritan todos al mismo tiempo, y tú intentas hacerlo de manera lógica, mirando de izquierda a derecha. Y luego casi siempre parecen decepcionados contigo».

El público, en cambio, no estaba decepcionado. Tanto los miles de personas que hacían cola en las calles en torno al Mann Village Theater como los millones que fueron a ver la película posteriormente coincidieron en que la recreación que Rob hacía del personaje de Edward era inmejorable. Su reacción fue tan entusiasta que inmediatamente se puso en marcha la producción de la secuela. El estatus de Robert como *sex symbol* había quedado asentado y en el horizonte se adivinaban nuevos éxitos, cosa que él se tomaba con buen humor.

Robert Thomas Pattinson había recorrido, sin embargo, un largo camino desde su infancia en Barnes, el barrio del sur de Londres donde nació y creció junto a sus dos hermanas mayores. Así pues, ¿quién era exactamente Robert Pattinson? ¿Y cómo había alcanzado aquel éxito estratosférico?

2

Nace una estrella

*R*ichard y Clare Pattinson estaban eufóricos. Era el 13 de mayo de 1986, y Clare acababa de dar a luz al tercer hijo de la pareja. En 1981 había llegado Victoria, a la que siguió Elizabeth (conocida como Lizzy) dos años después. Robert Thomas, el primer varón, vino a completar la familia. Los Pattinson ignoraban, sin embargo, que un futuro deslumbrante aguardaba al recién nacido. De momento se contentaban con que fuera un niño sano y feliz. Robert iba a ser el último hijo de la pareja, al que sus hermanas mayores tomarían el pelo y mimarían por igual. Aquel niño vivaz y risueño, el peque de la familia, tuvo una infancia absolutamente normal hasta sus primeros años de adolescencia; nada auguraba entonces lo que le iba a deparar el destino.

Los Pattinson eran una familia de clase media adinerada. Tenían su hogar (una acogedora casa victoriana) en Barnes, una zona residencial del suroeste de Londres que, pese a encontrarse a corta distancia en tren del corazón de la gran urbe, posee el ambiente de un pueblo pequeño. Arropada por el Támesis, tiene un parque con lago desde el que se accede a una reserva natural y alberga algunas de las casas más antiguas de Londres: en The Terrace, una de sus calles, se alinean numerosas mansiones georgianas cuya construcción se remonta a alrededor de 1720. Se trata, en resumen, de un barrio de pura esencia británica, caracterizado por la opulencia, el respeto a la tradición, un sistema educativo excelente y numerosas oportunidades. Se da la casualidad de que alberga, además, de una importante comunidad de actores de la que el recién nacido estaba destinado a convertirse en miembro prominente.

Aunque no eran ricos, los Pattinson disfrutaban de una situación desahogada. Richard importaba coches antiguos de los Estados Unidos, profesión que hacía gracia a su hijo («Mi padre me contaba un montón de anécdotas —declaró más tarde Robert al *Daily Mirror*—. Yo jamás le compraría un coche»). Clare, por su parte, trabajaba en una agencia de modelos, de modo que Robert estuvo desde muy temprano en contacto con el mundo del espectáculo. De hecho trabajó como modelo una temporada, aunque, curiosamente (dado el fervor popular que despertaría más tarde su físico), no tuvo mucho éxito en esa vertiente de su carrera.

Pero para eso faltaba tiempo aún. Para un niño juguetón y bullicioso, Barnes era el entorno perfecto en el que crecer. Robert y sus amigos podían jugar en el parque y en los jardines sin que sus padres se preocuparan demasiado por ellos. A pesar de hallarse muy cerca del centro de Londres, en Barnes apenas había delincuencia: los niños podían trepar a los árboles, jugar y hacer amigos sin la vigilancia constante de sus padres. La de Rob fue una infancia estable y feliz, lo cual le dio la seguridad necesaria para afrontar el entusiasmo desorbitado que generaría posteriormente entre sus fans.

Sus hermanas, por otra parte, no le daban un trato de favor: de hecho, por ser el más pequeño de los tres, Rob era a menudo el objeto de sus burlas y bromas, lo que tal vez explique su humildad y su negativa a tomarse demasiado en serio, sobre todo en lo que respecta a su físico. Sus dos hermanas mayores podían ser un auténtico incordio: «Hasta que tuve doce años, mis hermanas solían vestirme de niña y llamarme Claudia», contó a la BBC.

Puede que esto tuviera sus ventajas: Rob se acostumbró a actuar desde muy pequeño. Revela, además, cierta campechanía, propia de su carácter: lejos de enfadarse por algo que podía haber sido humillante en su momento, se lo tomaba a risa.

Él, desde luego, tampoco se quedaba atrás: se revolvía cuando sus hermanas se pasaban de la raya y les dejaba bien claro que no podían mangonearlo. Pero lo que destaca por encima de todo es la normalidad de su primera infancia, llena de juegos y travesuras compartidas con los niños del barrio. «Me acuerdo de que una vez, en el mes de julio, celebramos una fiesta en el jardín —recordaba su tía, Diana Nutley, en una entrevista para la revista *Life & Style*—. Nos lo pasamos en grande jugando a ver cuántos donuts podíamos comer sin chuparnos los labios. No hay manera: Robert acabó cubierto de mermelada.»

La entrevista estaba ilustrada con fotografías del pequeño Robert. Regordete, rubio y con cara de pillo, parecía un niño cualquiera: un niño despreocupado y feliz, al que lo que más le gustaba del mundo era comer bollos y hacer el indio.

Cuando las fotografías de sus primeros años se hicieron públicas, Robert, que para entonces era un joven de veintitrés años extraordinariamente guapo, con una sólida trayectoria profesional a sus espaldas y un futuro sensacional, pareció algo avergonzado. Al pedírsele que hiciera algún comentario sobre ellas, contestó: «¿En serio? ¿De cuando era un mico?». Añadió que debería ilegalizarse su publicación, aunque parecía estar bromeando.

Es indudable, sin embargo, que su azoramiento era real: la mayoría de los chicos guapos sólo tienen que soportar que sus madres enseñen las fotos de su niñez a alguna posible novia, no que se vendan y que las vea el mundo entero.

El primer colegio de Rob fue la escuela preparatoria Tower House, en East Sheen, cerca de la casa familiar al oeste de Londres, un colegio privado, reservado a niños varones de entre cuatro y trece años. Allí le pusieron el primero de sus muchos apodos: «Patty», una abreviatura de su apellido. Llama la atención que, de nuevo, le pusieran un nombre normalmente asociado a una niña, aunque hay que decir que no tuvo ninguna influencia en su temperamento ni en su personalidad. Simplemente ilustra el hecho de que se acostumbró desde muy niño a la idea de asumir distintos papeles y personajes.

Rob no era muy buen estudiante. Un boletín escolar de 1998 lo describe como sigue: «Prófugo ganador, el año pasado, del premio al pupitre más desordenado de tercero». Dicho de otra manera, era un alumno normal, algo travieso, más aficionado a jugar que a hacer los deberes. De hecho, cuando en las películas de *Harry Potter* le tocó encarnar al alumno ideal (Cedric Diggory, prefecto de Hufflepuff), a Rob le gustaba poner distancia entre él y aquel dechado de virtudes.

Aunque hasta la adolescencia no empezó a tomarse en serio su carrera como actor, participó en funciones escolares desde muy pequeño: tenía apenas seis años la primera vez que se subió a un escenario. Entre sus primeros papeles destaca su intervención en una adaptación de *El señor de las moscas*, de William Golding. Rob fue también el encargado de dar vida al Rey de Corazones en una obra titulada *Hechizo para una rima*, escrita por uno de sus profesores. Era demasiado joven para tomárselo en serio, pero se le daba bien. Poco a poco fue haciéndose evidente que, aunque no ganaría nunca un premio al pupitre más ordenado ni a los deberes mejor hechos, Rob empezaba a dar muestras de un talento muy distinto. Sus profesores comenzaban a percibirlo, aunque ignoraran aún adónde conduciría todo aquello.

En noviembre de 2005, cuando Rob empezaba a darse a conocer como Cedric Diggory, el diario londinense *Evening Standard* habló con la secretaria del colegio, Caroline Booth. Ella se acordaba muy bien del joven Pattinson: «No destacaba como estudiante, pero siempre le gustó el teatro. Era un encanto de niño, todo el mundo lo adoraba. Aquí hay muchos niños encantadores, pero él tenía algo especial. Era muy mono, rubio y guapísimo. Yo no diría que fuera una estrella, pero le encantaba nuestro grupo de teatro, de eso sí me acuerdo. Estamos todos encantados de que haya encontrado algo en lo que brille de verdad».

En aquella época, sin embargo, nada hacía suponer lo que ocurriría después. Los niños de los Pattinson llevaban aún una vida bastante corriente, veraneaban y hacían actividades en familia y buscaban formas de ganar algún dinerillo para sus gastos. Rob hacía lo que la mayoría de los chicos: «Empecé a repartir periódicos cuando tenía unos diez años» —le dijo a la BBC en 2005—. Al principio ganaba diez libras a la semana; luego, hasta que cumplí los quince años, más o menos, estuve obsesionado con el dinero». Era una broma, obviamente, pero fue en torno a esa edad cuando comenzó a ganar mucho más dinero que sus compañeros.

Los primeros años de Rob fueron muy normales también en otros sentidos. Como muchos niños de su edad, disfrutaba viendo dibujos animados: «Me gustaban bastante *Sharky y George*, y esos dibujos en los que salía MC Hammer [*Hammertime*]. Ésos me encantaban, ¡eran geniales! Ya no se hacen dibujos así», declaró en la BBC. En el terreno académico, tampoco había nada que destacar. Los chicos comían en el colegio. «No llevábamos tarteras. Yo fui monitor de comedor. Solía robarle las patatas fritas a todo el mundo.»

A los doce años, ingresó en el Harrodian School, otro colegio privado del oeste de Londres que ocupaba unas doce hectáreas de terreno, con fama de dar buenos resultados académicos y de ofrecer a sus alumnos gran número de actividades extraescolares. Con su piscina climatizada, sus instalaciones polideportivas, sus laboratorios de ciencias, su escuela de música y sus talleres de teatro, era el ambiente perfecto para los hijos de las clases pudientes. El Harrodian no estaba a la altura de Eton (donde estudiaban los príncipes Guillermo y Enrique), pero era la clase de colegio al que los padres adinerados (las tasas eran de 13.500 libras esterlinas al año) mandaban a sus hijos para que recibieran una educación completa y de calidad que les inculcara no sólo conocimientos académicos, sino también seguridad en sí mismos y en su futuro. Era el tipo de escuela que formaba a los profesionales de la clase media británica: un semillero de abogados, banqueros, médicos y, muy de vez en cuando, estrellas internacionales de cine. Curiosamente, el cambio de colegio marcaría un punto de inflexión en la vida de Rob.

El Harrodian era, para empezar, un colegio mixto; a diferencia del anterior, había chicas por todas partes. Rob tenía dos hermanas mayores y estaba, por tanto, acostumbrado a tratar con el sexo opuesto, pero aun así se encontró de pronto rodeado de chicas. Convivía y hablaba con ellas a diario y empezaba a hacerse amigo de algunas. A pesar de la leve preocupación que le causarían años después los excesos de sus seguidoras (sobre todo de las que querían que las mordiera), Rob se siente muy a gusto en compañía de mujeres. Es el resultado directo de la estabilidad de su vida familiar y de una educación que lo alentaba a hacerse amigo de todos.

Robert lo recuerda de otro modo, sin embargo: «En el colegio era un poco solitario, bastante antisocial —dijo en declaraciones a la BBC—. La primera vez que besé a una chica tenía doce años, pero no tuve novia hasta los dieciocho». No es así como lo recuerdan los demás. Rob, en realidad, se convirtió en un alumno muy querido e hizo un montón de amigos. El colegio siguió sentando, por otra parte, esos cimientos de su personalidad que tan buenos resultados le darían cuando, años después, comenzara a crecer su fama. Y aunque quite importancia a su vida amorosa durante la adolescencia, los años que pasó en el Harrodian provocaron en él una especie de revolución personal. Como contaría en la BBC: «Me cambié a un colegio mixto, y entonces descubrí la gomina y me convertí en un tío guay».

A esa edad descubrió, además, otra cosa: el mundo de la moda. Tenía apenas doce años cuando hizo sus primeros pinitos como modelo. Siempre había estado familiarizado con ese sector, debido al trabajo de su madre, y aunque esa fase de su carrera sólo duró cuatro años, fue así como comenzó a introducirse en el mundo en el que iba a vivir posteriormente.

Rob no se engañaba respecto a los motivos por los que comenzó a trabajar como modelo. «Cuando empecé, era bastante alto y tenía cara de chica, así que me daban muchos trabajos porque fue la época en la que se puso de moda el *look* andrógino —declaró en la revista *Closer*—. Supongo que luego me hice hombre, y dejaron de llamarme. Mi carrera como modelo fue un desastre.»

Es éste un análisis muy sagaz de cómo empezó, aunque cuatro años trabajando como modelo no pueda considerarse un «desastre» bajo ningún concepto. De hecho, en 2007 trabajó de nuevo brevemente como modelo para la marca Hackett. Esa mención a una carrera poco exitosa es otra muestra de la humildad de Robert y de su constante (y seductora) necesidad de que no parezca que se da aires a costa de los demás.

Nunca, por otro lado, ha perdido ese atractivo andrógino. Su físico llama siempre poderosamente la atención, con esos pómulos afilados, que tanto sobresalen respecto al resto de su cara y que de pequeño podían hacerlo parecer un poco niña (lo cual era muy apropiado, después de tantos años siendo

27

«Patty» y «Claudia»), y que todavía hacen que destaque entre una multitud.

Mientras su carrera como modelo se desarrollaba discretamente en segundo plano, el eje de la vida de Rob seguía siendo, cómo no, la escuela. Y aunque quizá su vida estuviera atravesando una etapa más divertida, sus resultados académicos no mejoraron. Aquellos primeros boletines de notas en los que se hablaba de pupitres desordenados habían dado paso a críticas respecto a su apatía a la hora de hacer los deberes. Rob, sin embargo, seguía manteniendo una actitud humilde y un tanto avergonzada respecto a sus poco fructíferos esfuerzos: «Siempre eran muy malas. No hacía los deberes —declaró en la BBC News refiriéndose a sus notas—. Nunca faltaba a clase porque me gustaban mis profesores, pero en las notas siempre ponían que no me esforzaba lo suficiente».

Lo cierto es que, aunque nunca fue un alumno problemático, no le gustaba estudiar y a veces parecía incapaz de ponerse a hincar los codos (pese a lo cual acabó consiguiendo buenos resultados). Al final, naturalmente, no tendría importancia, porque no sólo comenzó a trabajar como modelo en la pubertad, sino que se convirtió en un actor de éxito antes de acabar sus años de adolescencia.

Cuando la BBC le preguntó cuál era su profesor preferido, Rob contestó: «Seguramente la de lengua, porque le gustaba que escribiera, en vez de querer que me limitara a contestar a las preguntas. Yo solía darle trabajos de veinte páginas llenos de tonterías, y aun así me ponía nota. Era una profesora estupenda».

Fue una suerte para él que esa profesora en concreto hiciera todo lo posible por darle ánimos. Porque otro factor fundamental de esos primeros años (y del que hablaremos más adelante) fue su participación en grupos de teatro de aficionados. Rob no tenía únicamente un talento innato para la actuación, sino también, gracias a su profesora, cierta comprensión de la calidad y la hondura de las obras literarias con las que iba a entrar en contacto. Con el tiempo, su creatividad afloraría de muchas otras maneras (a través de la música, principalmente), y este respeto temprano por el arte iba a servirle de gran ayuda.

El Harrodian ofrecía, además, numerosas oportunidades

para practicar deportes, campo en el que Robert sobresalía indudablemente. Sus deportes favoritos son el fútbol, el esquí y el *snowboard*, y el colegio animaba a sus alumnos a practicar muchas otras disciplinas deportivas. Se hacía hincapié en la formación integral del individuo, tanto en el aspecto de la salud física como en el de las aptitudes académicas, y las actividades al aire libre ocupaban un lugar preeminente. Todavía hoy desempeñan un papel importante en la vida de Rob.

Naturalmente, los dos personajes con los que iba a darse a conocer (Cedric Diggory y Edward Cullen) eran estudiantes, aunque el primero fuera un mago y el segundo un vampiro. Debido a ello, cuando llegó el momento de promocionar la película y de hablar de los personajes a los que encarnaba en el cine, había un enorme interés por saber cómo fueron sus años estudiantiles.

«¿Lo acosaron alguna vez sus compañeros de clase?», era una pregunta típica. «No», contestaba él siempre, aunque de nuevo se mostraba educado, tal vez pensando en no restregar por la cara su popularidad a quienes sí habían sufrido acoso en las aulas. De ahí que, como tenía por costumbre, convirtiera su respuesta en una broma: «Una vez me robaron los cordones de las zapatillas —dijo—. Todavía las llevo y jamás me pongo cordones: es como mi marca de fábrica».

Siempre un chico guapo, Rob comenzó a adquirir ese físico que lo haría destacar entre el común de los mortales estando en plena adolescencia, y en mitad de su carrera como modelo. Sus fotografías más tempranas muestran a un niño de cara regordeta; ahora, en cambio, comenzaban a aflorar los pómulos. Sus facciones casi cinceladas iban apareciendo. Rob tiene un rostro anguloso: sus pómulos prominentes realzan su nariz de trazo clásico y esos ojos que parecen mirar desde el fondo de su cara. Comenzó a destacar en todas las reuniones y también, cómo no, en la escuela.

Pero pese a que su físico era cada vez más llamativo, Rob no formaba parte de la «gente guapa» del colegio. «No, yo no estaba ni con los más guays ni con los más cutres —declaró en la revista *Sunday Times Style* en diciembre de 2008—. Estaba en un punto intermedio.»

29

Y no era mal sitio para estar. Cada vez más, a pesar de disfrutar de la simpatía de sus compañeros de clase y del aprecio de sus profesores (aunque no lo consideraran un estudiante excepcional), a pesar de sentirse a gusto consigo mismo y de vivir cómodamente instalado en el seno de una familia que lo apoyaba en todo, Rob empezaba a desarrollar intereses fuera del colegio que muy pronto ocuparían un papel prioritario en su vida. Si hubiera sido un pasota engreído, tal vez no habría dado los pasos que iban a definir su vida. Lo mismo podría decirse si hubiera sido tímido y apocado. El hecho de que Rob se lo pasara bien pero no llegara a integrarse ni en el grupo de los líderes ni en el contrario, le abrió otras posibilidades. Y las profesiones de sus padres contribuyeron a ello. Rob procedía de una familia de clase media acomodada, pero con un toque bohemio: su madre trabajaba en la industria de la moda y su padre importaba no simples coches antiguos, sino coches históricos. Sus padres no habían elegido un camino del todo convencional, y tampoco lo haría él.

30

Ahora, además, había un elemento novedoso en su vida: no sólo empezaba a fijarse en las chicas, sino que las chicas comenzaban a fijarse en él. Uno de sus compañeros de clase, Will Robinson, es de esa opinión: «Rob tenía constantemente una sonrisa enorme en la cara y era muy descarado en clase —contó en *Life & Style*—. Pero a todo el mundo le caía bien. Era un chaval muy querido». Era, sobre todo, muy popular entre las chicas. En el transcurso de la adolescencia comenzó a desarrollar un encanto un tanto desgarbado, una capacidad para atraer a las chicas que antes ignoraba poseer. Los tiempos de las competiciones de donuts y de responder al nombre de Claudia habían quedado atrás: en su pequeño mundo, se estaba convirtiendo en un rompecorazones. Aquello no era nada comparado con el nivel de adulación al que se vería sometido unos años después, naturalmente, pero suponía una diferencia notable con respecto a sus años preadolescentes. Empezaba a darse cuenta de que causaba efecto sobre las mujeres. Y ese descubrimiento no lo hacía infeliz. Nuevas y múltiples facetas de la vida comenzaban a desplegarse ante él.

Pero, si pensaba en las nuevas oportunidades que se le

abrían, no era únicamente por las chicas. Su carrera como modelo seguía en marcha; era inevitable, pues, que comenzara a interesarse por otros campos relacionados con el mundo de la moda. No había olvidado sus primeras experiencias como actor, y parecía que, a diferencia de la gran mayoría de la gente, que se sube a un escenario en su primera infancia y luego se olvida completamente de ello, Rob había encontrado su vocación. Tenía verdadero talento, y fue en plena adolescencia cuando ese talento comenzó a florecer.

Rob descubrió verdaderamente la actuación cuando tenía quince años. De niño había participado en diversas obras de teatro, pero nunca se le había ocurrido tomárselo más en serio, ni, desde luego, hacer de ello su carrera. Como mandan los cánones, fueron las ganas de conocer chicas lo que le impulsó a intentarlo de nuevo, aunque en realidad sería su padre quien finalmente lo empujaría a probar suerte en ese nuevo ámbito. Rob cuenta la historia con su modestia característica: «En el instituto no actué nunca —contó en la BBC—. He sido siempre muy tímido. Un día que estaba con mi padre en un restaurante, nos fijamos en un grupo de chicas muy guapas que andaban por allí, y no sé por qué razón decidimos preguntarles de dónde venían. Nos dijeron que de una escuela de interpretación que había por allí cerca, y desde ese momento mi padre no paró de darme la lata para que me apuntara. En cierto momento hasta dijo que me pagaría las clases, lo cual es muy raro. No sé qué intenciones tenía, pero el caso es que me apunté».

Se trataba, de hecho, del grupo de teatro *amateur* del barrio, la Compañía de Teatro Barnes, y ya fuera por sus experiencias anteriores como actor, ya fuera por su talento natural, Rob comenzó a sentirse en aquel mundillo como pez en el agua. En un principio trabajó entre bambalinas, pero muy pronto comenzó a subirse al escenario.

«Solían hacer dos funciones al año y eran todas muy buenas —declaró—. De allí han salido muchísimos actores. Rusty y Ann, los directores, eran también actores y tenían mucho talento. El grupo era muy bueno, y no sé por qué, pero cuando acabé lo que hacía entre bambalinas decidí probar suerte con la

31

actuación. Así que me presenté a una prueba para *Ellos y ellas* y me dieron un papelito. Hacía de bailarín cubano o algo así. Luego, en la siguiente obra, me dieron el papel protagonista, y a continuación conseguí un agente. Así que se lo debo todo a esa pequeña compañía teatral.»

Las producciones en las que tomó parte Rob eran (por decirlo suavemente) variopintas: *Nuestro pueblo; Tess, la de los D' Urberville;* y el musical *Todo vale.* Hizo su primer papel protagonista en *Nuestro pueblo,* de Thornton Wilder, según él por pura suerte. «Se fue de golpe un montón de gente. El único que quedaba era yo y me dieron el papel por error», contó en el *Daily Telegraph.* Sea como fuere, Rob se había convertido en la estrella de una pequeña compañía de teatro *amateur.* Poco después, lo sería a una escala mucho mayor.

Sus intenciones de conocer chicas también se vieron cumplidas. Rob tuvo su primera novia en la adolescencia, aunque nunca haya querido desvelar quién fue la afortunada. Pero, según cuenta él mismo, no sólo no estaba enamorado, sino que todo aquello le causaba gran estrés, sin ninguna razón en concreto. Le gustaba salir con chicas, pero no podía evitar dejarse arrastrar por cierta angustia adolescente.

«Recuerdo que, cuando era adolescente, pensaba que mi novia me engañaba y andaba por ahí como un alma en pena —dijo en una entrevista con *GQ* en abril de 2009—. Fingía llorar. Pero era todo mentira. La verdad es que no sentía nada. Me iba a algún bar y luego volvía a casa llorando por el camino. Y me tumbaba en la colchoneta del perro. Lloraba y me abrazaba al perro. Por la mañana, cuando me despertaba, el perro me miraba como diciendo: "Eres un farsante".»

No era un farsante, sino un actor hecho y derecho. Se estaba acostumbrando a vivir en la piel de sus personajes: interpretaba papeles radicalmente distintos entre sí, aprendía a desplegar emociones de gran hondura, las sintiera o no, y disfrutaba colándose en las vidas de otros. No era extraño, por tanto, que de vez en cuando hiciera de su propia vida un papel dramático. Si de tarde en tarde le apetecía interpretar el papel del novio celoso, a pesar de no sentir celos, estaba en su derecho. En muchos sentidos, sólo se estaba divirtiendo. La interpretación, sin embargo, se estaba convirtiendo en el eje de su vida, y en eso no había ninguna impostura.

Fue su papel en *Tess, la de los D'Urberville* (obra en la que interpretaba al malvado Alec d'Urberville, el causante de la ruina de la pobre Tess) el que lo dio a conocer. *Tess*, la penúltima novela de Thomas Hardy, se publicó en 1891 y está considerado uno de los más grandes relatos de su época. Alec es el personaje que seduce (y deshonra) a Tess en un principio, el responsable del fracaso de su matrimonio posterior con Angel Clare y quien finalmente la hace enfurecer hasta tal punto que ella acaba por asesinarlo. Era un papel muy fuerte para un actor tan joven. Un papel a través del cual Rob podía dar rienda suelta a todo el potencial dramático de la obra; el de Alec es, de hecho, en cierto sentido, un papel mucho más jugoso que el del beatífico pero torpe Angel Clare.

No hay duda de que su interpretación dejó huella: entre el público había alguien que se fijó en él, y como resultado de ello poco después Rob conoció y comenzó a trabajar con Mary Selway, una directora de reparto de ámbito internacional. Por primera vez parecía que aquella afición recién descubierta podía desembocar en algo mucho mayor. Su carrera profesional, de hecho, despegó al poco de aquello, de lo que hablaremos en el siguiente capítulo. Siguió un nuevo montaje teatral, esta vez de *Macbeth*, en el que Rob encarnó a Malcolm, príncipe de Escocia, en el centro de arte Old Sorting Office de Barnes. Poco después empezaron a llegarle papeles profesionales: Rob iba por el buen camino.

Pero aún tenía que pensar en sus estudios. Dado el poco interés que había demostrado por estudiar hasta ese momento, puede que sorprenda saber que no aprovechó las nuevas y emocionantes oportunidades que se le ofrecían para abandonar el colegio y probar suerte en el escenario. Muy al contrario. A pesar de su apariencia un tanto atolondrada, Rob era muy pragmático y, ya que había llegado al final del bachillerato, decidió acabarlo. A fin de cuentas, hay pocas profesiones más precarias que la de actor, y él era consciente de que no le vendría mal tener alguna titulación.

Encontró, sin embargo, una resistencia inesperada: la de su

padre. Richard estaba encantado de que empezara a irle tan bien, pero las tarifas del colegio eran muy caras y hasta ese momento Rob no parecía haberse tomado muy en serio sus estudios. Y puesto que estaba claro que tenía futuro en el mundo de la farándula, dudaba de que valiera la pena seguir pagando para que su hijo hiciera unos cuantos exámenes más.

Por si eso fuera poco, Rob estaba empezando a ganar dinero (y en cantidades mucho mayores que cuando se dedicaba a repartir periódicos): había trabajado cuatro años como modelo y comenzaba a cobrar por sus papeles como actor profesional. Al final, padre e hijo llegaron a un acuerdo.

«Iba a un pequeño colegio privado de Londres —contó Rob en una entrevista unos años después—. No se me daban muy bien los estudios. Así que mi padre me dijo: "Vale, no te estás esforzando mucho, así que más vale que lo dejes". Cuando le dije que quería acabar el bachillerato, me dijo que tendría que pagarme el colegio yo y que, si aprobaba, me devolvería el dinero.» Rob aceptó la oferta y se puso a empollar.

34 Al final, no sólo aprobó los exámenes, sino que sacó buenas notas: un sobresaliente y dos notables. Estos resultados sirvieron para desmentir su presunto fracaso escolar: Rob es, en realidad, un chico muy despierto y podría haber ido fácilmente a la universidad si el destino no le hubiera deparado una brillante carrera como actor.

Pero sus logros no se limitaban al terreno académico. Para entonces ya estaba claro que Rob era además un músico de talento excepcional: tocaba el piano y la guitarra, componía sus propios temas y cantaba; hablaremos de todo esto, y por extenso, más adelante.

No parecía, en realidad, un chico corriente: era demasiado guapo para considerarlo un típico producto de zona residencial de clase media, y demasiado listo y talentoso para encajar en el molde del adolescente medio. Rayaba, de hecho, lo excepcional, pero siempre se las ingeniaba para quitarse importancia.

Y así sigue siendo todavía. No sólo se asombra de que su físico despierte tal furor, sino que rebaja constantemente sus logros y nunca se toma en serio a sí mismo, jamás se da aires ni se jacta ante nadie de haber triunfado de forma tan espectacular, a pesar de ser tan joven (a sus poco más de veinte años, Rob es multimillonario: no tendría por qué volver a trabajar). Prácticamente exige que la gente lo trate como a un tipo normal. Kristen Stewart, su compañera de reparto en *Crepúsculo*, ha dicho de él que era el único aspirante al papel de Edward Cullen que no iba pavoneándose por el estudio.

Ése es uno de los muchos motivos por los que Rob tiene tanto éxito y es tan valorado. Pero su actitud es, por encima de todo, una señal excelente para el futuro: tomándose en serio su carrera, pero no a sí mismo, Rob está allanando el camino para un porvenir repleto de triunfos. Y esto se debe en buena medida a la estabilidad de su vida familiar y a la sólida educación que recibió en la escuela.

Y así fue como Rob terminó el bachillerato y se preparó para la gloria…

35

3

Buscando el éxito desesperadamente

$\mathcal{A}$ sus diecisiete años, Rob se vio en la tesitura de tomar una decisión que marcaría para siempre el rumbo de su vida. De pronto, y para sorpresa de todos, se había convertido en un alumno aplicado al que tal vez esperaba una plaza en la universidad. Justo en ese momento, sin embargo, le ofrecieron un papel en una película: haría de Rawdy Crawley, el hijo mayor de Becky Sharp, en el film *La feria de las vanidades*. ¿Qué hacer? ¿Seguir estudiando o dedicarse profesionalmente a la actuación? La decisión no fue tan fácil como hubiera podido parecer en un principio. A fin de cuentas, Rob se había pagado el colegio para acabar el bachillerato. A pesar de su aparente despreocupación, era mucho más ambicioso —tanto en el terreno académico como en todo lo demás— de lo que dejaba adivinar.

Aquélla era, sin embargo, una oportunidad excelente. Cuando en 2001 comenzó a actuar con la compañía de teatro *amateur* de Barnes, no soñaba con que aquello pudiera acabar así: con la posibilidad de tener por delante una carrera en el mundo de la interpretación. Era simplemente, como él mismo ha explicado a menudo, un buen modo de conocer chicas. Ahora, apenas un par de años después, en 2003, iba a actuar en una película importante, protagonizada por una de las actrices más famosas de Hollywood. Dirigida por Mira Nair, la película iba a ser una nueva versión de la célebre novela de William Thackeray, aunque, a decir verdad, desde el principio hubo indicios de que no cosecharía un gran éxito ni sería el debut estelar que diera a conocer a Rob. Su estreno levantó cierto revuelo, pero el resultado final acabó siendo algo decepcionante.

El problema principal (nunca resuelto) fue que el reparto resultaba un poco inverosímil, tanto en lo que se refiere a la adecuación de los actores a sus personajes como a sus edades relativas. Reese Witherspoon, que hacía de Becky, resultaba un tanto chocante en aquel papel: a fin de cuentas, Becky es un ser absolutamente amoral que vive únicamente de su ingenio, rasgos que cuesta asociar con la impoluta Reese. Becky era, además, un personaje puramente británico, mientras que Reese representaba más bien el ideal de belleza sureña. No era la primera vez, claro está, que una actriz hacía suyo un personaje poco adecuado, en principio, para sus características (ahí estaba, sin ir más lejos, el ejemplo de la norteamericana Renée Zellweger, que dio vida en la pantalla a la muy británica Bridget Jones), pero aun así la elección no parecía acertada.

Y luego estaba el problema de la edad: Reese tenía veintisiete años en aquel momento; era, por tanto, sólo diez años mayor que Rob, el actor que encarnaba a su hijo en la última parte de la cinta. Y aunque los maquilladores podrían haber resuelto esa anomalía envejeciendo a Reese en el transcurso del film, la opinión general es que no lo consiguieron. Rob parecía demasiado mayor y Reese demasiado joven. Aquélla fue una primera señal de que la película no obtendría los resultados que esperaban sus productores.

Fue una pena, porque, de partida, la película prometía. *La feria de las vanidades*, una de las obras maestras de la literatura inglesa, se publicó por primera vez en 1847-1884 y narra la vida de Becky Sharp, una aventurera completamente desprovista de principios morales que se ve forzada a vivir de su ingenio. Al principio de la novela, Becky es una huérfana sin recursos que escapa del destino que le tienen reservado (un empleo como institutriz) y que, gracias a sus artimañas, consigue abrirse paso hasta la alta sociedad y casarse con Rawdon Crawley, hijo menor de sir Pitt Crawley, quien también se le declara. El matrimonio fracasa (aunque no termina en divorcio) al descubrirse que Becky tiene un amante. Antes de que esto ocurra, sin embargo, le da a su marido un hijo del que se desentiende. Éste era el papel que debía interpretar Rob: el de Rawdon hijo en su edad juvenil, en escenas situadas muchos años después de la separación de sus padres. El debut de Rob en el cine parecía, pues, asegurado.

El papel era pequeño, pero aun así Rob estaba entusiasmado. Era su primer contacto con el mundo de los rodajes cinematográficos y con la parafernalia que los acompaña. Años después contaría: «Tienes caravana y todo eso. Era de lo más absurdo. Y yo pensaba: "Debo de ser actor. Estoy haciendo una película con Reese Wthiterspoon. ¿Cómo he llegado hasta aquí?"».

Pero no era únicamente el lujo lo que le atraía. Los actores de éxito reciben un trato totalmente distinto al de las personas normales; se les permiten libertades a las que no tiene acceso el común de los mortales. Naturalmente, esto tenía también su atractivo para Rob. «Es el único trabajo en el que puedes hacer lo que te apetece y los demás tienen que aguantarse —dijo en declaraciones a MoviesOnline—. Si vas a la oficina, te enfadas y dices "necesito romper unas cuantas ventanas porque tengo que realizar esta base de datos", te despiden. Pero si eres actor te dan muchísimo margen. Puedes hacer el indio constantemente.»

Era un comentario muy perspicaz para un chico tan joven. Rob tenía razón: la oportunidad que se le ofrecía equivalía a una vida extraordinaria y repleta de posibilidades…, si tenía éxito. Pero al principio pareció que no sería así. Rob sufrió un par de reveses en los primeros años de su carrera, y uno de ellos fue *La feria de las vanidades*. Aunque le pagaron por su actuación, las escenas en las que aparecía fueron suprimidas, posiblemente porque, en vez del hijo de Reese, parecía su hermano pequeño.

Al estrenarse al año siguiente, en 2004, la película recibió críticas dispares. El afamado crítico Rober Ebert escribió en el *Chicago Sun-Times*: «Becky Sharp pasa de ser una pobre huérfana hija de un pintor alcoholizado a ser un adorno de las capas medias, si no altas, de la aristocracia británica. *La feria de las vanidades* la convierte en un personaje algo más amable que el de la novela de 1848; claro que a mí siempre me ha gustado Becky por sus admirables intentos de cumplir a rajatabla sus estratagemas cargadas de cinismo y permitir al mismo tiempo, irremediablemente, que su corazón la aparte del camino. Reese Witherspoon consigue plasmar sin esfuerzo ambas cualidades en la nueva película de Mira Nair, lo cual no debe extrañar a nadie. ¿Acaso no hay una pizca de Elle Woods, su personaje en *Una rubia muy legal*, en este nuevo trabajo de la actriz?».

Bastante más representativa es, sin embargo, esta crítica de Cole Smithy (www.colesmithy.com): «La primera media hora de *La feria de las vanidades*, la nueva película de la directora Mira Nair, basada en la obra de William Makepeace Thackeray, muestra destellos prometedores antes de disolverse en una absoluta mediocridad, caótica y complaciente. Desde el ostentoso vestuario diseñado por Beatrix Aruna Pasztor a los aparatosos peinados masculinos que inundan cada escena, *La feria de las vanidades* es una película que depende por completo de sus efectos visuales para engatusar al público y hacerle olvidar el vandalismo al que se ha sometido la novela original de Thackeray».

Puede que fuera una suerte que la contribución de Rob acabara en la papelera de la sala de montaje. Las pocas escenas en las que aparece pueden verse, no obstante, en el DVD de la película, lo cual causó gran alivio entre sus numerosas fans cuando, unos años después, Rob alcanzó el estatus de superestrella y todo cuanto hacía o había hecho comenzó a generar un enorme interés. Éste fue indudablemente su primer papel importante y tiene, por tanto, al menos, valor como curiosidad.

A pesar de la decepción que supuso su eliminación del corte final de la película (aunque ésta no tuviera mucho éxito), Rob había hecho su primera incursión en aquel mundo extraño y nuevo, y sabía que le gustaba. Aquello estaba muy lejos de sus funciones teatrales en Barnes: suponía codearse con la elite de Hollywood en una producción de primera fila y estaba, por tanto, a años luz del colegio, de los exámenes finales que aún no había hecho y de la rutina en un barrio residencial de Londres.

Por suerte para él, poco después dispuso de otra oportunidad. Al poco tiempo le ofrecieron un papel en una producción televisiva titulada *El reino del anillo*, basada en los mitos islandeses que J. R. R. Tolkien utilizó como fundamento de *El se-*

ñor de los anillos y que inspiraron asimismo el llamado «ciclo del anillo» del compositor clásico Richard Wagner. A Rob le ofrecieron el papel de Giselher, un personaje de escasa relevancia comparado con los que interpretaría poco después. Era, en cualquier caso, un comienzo.

Antes de que empezara el rodaje, sin embargo, la directora de reparto Mary Selway (que le había conseguido también el papel en *La feria de las vanidades* y a la que sin duda había decepcionado la eliminación de sus escenas) le ofreció un nuevo trabajo. Puede que se tratara de una especie de premio de consolación, pero no hay duda de que compensó con creces el chasco de la película. Porque aquella oportunidad dio resultados mucho mejores que su anterior trabajo, hasta el punto de que pasaría a la historia como el papel que dio a conocer a Rob. Se trataba, naturalmente, del personaje de Cedric Diggory en el film *Harry Potter y el cáliz de fuego*.

La historia tiene, sin embargo, sus vueltas y revueltas. Cuando Rob se presentó para el papel, estaba muy lejos de tener el éxito asegurado. Así que estaba algo nervioso cuando hizo la última prueba, lo cual es lógico, teniendo en cuenta la importancia de aquel nuevo trabajo. Desde la aparición del primer libro protagonizado por Harry Potter (*Harry Potter y la piedra filosofal*), en 1997, la serie de J. K. Rowling se había convertido en un auténtico fenómeno de masas, como sucedería un par de años después con la serie de *Crepúsculo*. Los libros (que narran las aventuras de un niño de once años que vive en un armario debajo de las escaleras y que, tras descubrir sus poderes mágicos, es enviado a Hogwarts, el internado para magos) se vendían por millones. La serie despertaba tal entusiasmo entre sus fans que se dijo incluso que había inculcado el gusto por la lectura a niños hasta entonces alérgicos a ella: todo un logro en la era digital.

Las películas, que comenzaron a salir en 2001, tuvieron el mismo impacto cultural: enormemente populares, convirtieron en grandes estrellas a Daniel Radcliffe, que hacía el papel de Harry, y a Rupert Grint y Emma Watson, que daban vida respectivamente a Ron y Hermione, los mejores amigos del protagonista. Aparecía también en ellas lo más granado de la escena actoral británica: Robbie Coltrane, Ralph Fiennes, Michael Gambon, Richard Harris, Gary Oldman, Alan Rickman y Maggie Smith, entre otros, formaron parte del elenco de Harry Potter. Rob se contaría pronto entre sus filas.

La idea daba vértigo. A Rob le había encantado el rodaje de *La feria de las vanidades*, donde había podido codearse con la gente del cine y aprender los rudimentos del oficio, pero aquello no había sido nada comparado con esto. En el momento en que Rob entró a formar parte del reparto, no había ni en el mundo editorial ni en el cinematográfico nada cuya magnitud pudiera compararse con *Harry Potter*. (Lo mismo podría decirse, un par de años después, de la serie *Crepúsculo*. Y Rob fue el único actor que formó parte de ambos fenómenos.)

El personaje al que debía interpretar Rob era secundario, pero importante: se trataba de Cedric Diggory, el malogrado alumno de Hogwarts que se convierte en rival romántico de Harry, entre otras cosas. Mary Selway se dio cuenta al instante de que Rob era perfecto para el papel. Cedric es honesto, distinguido, respetable y absolutamente encantador. Pero también es en cierto modo un rompecorazones, puesto que Cho Chang, la chica en la que Harry pone sus ojos, se enamora de él (un precedente de lo que ocurriría cuando Rob empezara a rodar *Crepúsculo*).

Y así, a finales de 2003, se fijó una cita con Mike Newell, el director de la película. Rob, naturalmente, fue considerado ideal para el papel. «Cedric ejemplifica todo lo que cabría esperar del campeón de Hogwarts», declaró Newell al *Evening Standard* de Londres en 2005, cuando se estrenó el film. «Robert Pattinson nació para interpretar ese papel; es un inglés de pura cepa, guapo y con esa cara de colegial que parece esculpida a cincel.»

Rob, sin embargo, no se enteró enseguida de que le habían dado el papel. Sin saber aún lo que ocurriría con sus aspiraciones al papel de Cedric, tuvo que embarcarse en un avión rumbo a Sudáfrica inmediatamente después de su encuentro con Newell para empezar a rodar *El reino del anillo*, como él mismo explicaría posteriormente al *Daily Telegraph*: «Estuve rodando otra película en Sudáfrica todo el tiempo que duró el

41

casting de *El cáliz de fuego*. La directora de reparto se puso en contacto con mi representante porque querían verme para el papel de Cedric. El caso es que pude reunirme con Mike Newell y con dos de las directoras de reparto un día antes de marcharme a Sudáfrica para rodar la otra película. Todavía no habían visto a nadie para los demás papeles, así que estuvo muy bien. Hicieron el resto del *casting* después».

Como tenía los exámenes finales unas semanas después de la fecha prevista para su regreso de Sudáfrica, Rob hizo aquel largo viaje con todos sus apuntes y sus libros de texto metidos en la maleta. Fue una época muy ajetreada, pero no cabe duda de que aquel periplo lleno de acontecimientos alentó sus ambiciones. Cuando hizo la prueba para Harry Potter sabía ya que iba a trabajar en *El reino del anillo* y es muy posible que esto influyera de manera decisiva en su elección para el papel de Cedric. «Me presenté con una confianza total —contaría más adelante al *Sunday Telegraph* acerca de la prueba—. Estaba convencido de que el papel era mío.»

De momento, sin embargo, le tocaba esperar, algo que Rob hizo con infinita madurez. Sólo tenía diecisiete años cuando le dieron el papel en *El reino del anillo* y, aunque regresaría a la casa familiar para preparar sus exámenes finales, fue en aquella época cuando comenzó a dejar de ser el hijo de sus padres para convertirse en una persona independiente y autónoma. Pasó casi cuatro meses rodando en Sudáfrica, viviendo, por tanto, en un país que no conocía muy bien. Aquello le obligó a madurar. Rob empezaba a aprender a valerse por sí mismo.

En aquel momento seguía barajando la idea de ir a la universidad, pero cuanto más actuaba (cuanto más viajaba y más se alejaba de su cómoda infancia de zona residencial), menos probable parecía que a su regreso pudiera encerrarse en los estrechos confines de una carrera académica. Y así fue, en efecto. Pese a todo, y puesto que el rodaje tuvo lugar en los meses previos a sus exámenes finales, Rob hizo lo posible por sacar el curso adelante, sin saber aún qué camino tomaría cuando regresara a Inglaterra.

El reino del anillo despertó gran interés, aunque hay que decir que no acabaría siendo una de las mejores películas de todos los tiempos. La culpa no fue de Rob: él hizo lo que le pidieron. Su actuación fue, de hecho, irreprochable. Pero, por desgracia, aquélla iba a convertirse en una de esas experiencias comunes a muchos actores que empiezan: un trabajo que tal vez él preferiría que cayera discretamente en el olvido. En aquel momento, sin embargo, le entusiasmaba la idea de tener un papel en el bolsillo y de verse por fin en la pantalla.

Desafortunadamente (aparte de darle la confianza necesaria para conseguir el papel que de veras iba a lanzarlo a la fama), *El reino del anillo* fue una chapuza. Escrita conjuntamente por el matrimonio formado por Diane Duane y Peter Morwood y dirigida por Uli Edel, ni siquiera su título se libró de complicaciones, puesto que se la conoce indistintamente como *Reino Oscuro: el Rey Dragón, La espada de Xantén, La maldición del anillo* y *Die Nibelungen*. Como en una extraña premonición, durante un tiempo en Alemania llevó también el título de *El reino del crepúsculo*.

La disparidad de nombres se debió, en parte, al hecho de que se tratara de una coproducción que se emitió en Alemania, donde tuvo una buena acogida, en Gran Bretaña, donde no la tuvo, y (en una versión muy abreviada) en Estados Unidos, donde pareció causar, sobre todo, perplejidad entre los espectadores, lo cual no es de extrañar, dada la extraordinaria complejidad de su argumento. La película se emitió asimismo en Italia, Argentina y Australia. A menudo, estas producciones internacionales acaban resultando algo pretenciosas y confusas, y ésta no fue una excepción.

Resumiendo, la historia está ambientada en la Edad Oscura del norte de Europa. Erik (Benno Fürmann), un herrero que es, en realidad y sin saberlo él, el príncipe Sigfrido, va a investigar un meteorito que ha caído en la Tierra: allí conoce y derrota a la reina Brunilda de Islandia (Kristanna Loken), algo que hasta entonces no había logrado ningún mortal. Sigfrido y Brunilda se enamoran y prometen casarse.

Sigfrido fabrica entonces una espada con el metal del meteorito y, en compañía de un grupo de hombres (entre ellos Hagen, el jefe del ejército), parte con intención de matar al dragón Fafnir, guardián de un inmenso montón de oro. A pesar de que le advierten de que una maldición pesa sobre el tesoro de Fafnir, Sigfrido llena con él los cofres del rey Gunter de Borgoña (a cuyo hermano menor, Giselher, daba vida Rob), pero se guarda un anillo que formaba parte del tesoro. Krimilda, la hermana de Gunter, enamorada de Sigfrido, se sirve de una poción para embrujarlo y lo fuerza con ello a traicionar a Brunilda.

Tras un montón de rocambolescas vicisitudes, la mayoría de los personajes acaban muertos. Éste es un fragmento de una intervención de Brunilda en la película (y no es de los peores): «Una vez amé a un hombre al que creía un enviado de los dioses. Amé al mundo entero porque él existía. Pasamos largo tiempo separados, pero pude soportarlo porque sabía que algún día él volvería. Pero, cuando volvió, su corazón parecía haberse vaciado por completo. Yo lo quería como antes, pero él a mí no. Éramos desconocidos, como antes de encontrarnos».

A pesar de su risible guion, intervinieron en la película algunos nombres de peso. Alicia Witt, más conocida por dar vida a la hija de Cybill Shepherd en la telecomedia americana *Cybill*, actuaba en el papel de Krimilda; Julian Sands, que se dio a conocer en *Una habitación con vistas* en 1985 y que más recientemente había interpretado al terrorista Vladimir Bierko en la serie de televisión *24*, era Hagen; Samuel West, el respetadísimo actor *shakespeariano* británico (hijo de los también actores Timothy West y Prunella Scales) interpretaba al rey Gunter; y hasta Max von Sidow, el célebre actor sueco (protagonista de numerosas películas de Ingmar Bergman y niño mimado de Hollywood a lo largo de su carrera) acabó formando parte del elenco en el papel de Eyvind, el herrero que cría a Sigfrido. Pero los actores, por muy famosos que sean, no pueden convertir una producción mediocre en un éxito arrollador, y por desgracia así sucedió también en este caso.

Giselher, el personaje de Rob, está muy unido a Sigfrido y desempeña, por tanto, un papel relativamente importante. Como hermano de dos de los protagonistas, solía aparecer en momentos destacados: cuando Erik/Sigfrido llega a Borgoña, es *Harmilias*, el halcón de Giselher, el que se posa en su brazo, y provoca un altercado con algunos lugareños; y es también

Giselher quien comunica a Sigfrido que su hermana es deseada por todos sin corresponder a nadie.

Giselher se embarca también como polizón hacia Islandia cuando Gunter y Sigfrido se marchan a visitar a Brunilda: en ese momento, Sigfrido se encuentra ya bajo el hechizo y, habiendo olvidado por completo a la mujer a la que había jurado amar, se propone luchar con Brunilda disfrazado de Gunter, de modo que, cuando la venza, Gunter y ella puedan casarse. Es Giselher quien ve a los dos Gunter y comienza a sospechar, y él quien encuentra el cuerpo sin vida de Sigfrido, al que luego intenta vengar sin conseguirlo. Rob, en definitiva, aparecía bastante tiempo en pantalla.

El reino del anillo no era, desde luego, un telefilme al uso, pero era demasiado complejo, demasiado amanerado y confuso para tener éxito. Estaba, por otra parte, el medio al que se vinculó (la televisión, en lugar del cine), que no parecía el lugar adecuado para un relato tan épico. Dicho esto, hay que añadir que no todas las críticas fueron desfavorables. Charles McGrath escribía en el *New York Times*: «*Reino oscuro* [...] se deja ver. Ha costado veinticinco millones de dólares, pero parece que hayan sido muchos más: hay bruma y hielos escandinavos a montones, y un dragón que, para variar, parece de verdad un dragón, bajo y rastrero como un lagarto. Su director, Uli Edel, que también firmó la miniserie artúrica *Las nieblas de Ávalon* en 2001, tiene talento para la ambientación y el boato, y casi siempre narra la historia con llaneza, sin afectación ni condescendencia».

En el Reino Unido, sin embargo, las críticas no fueron tan positivas. «Atrás queda el conmovedor relato de pasión y anillos mágicos de Wagner: esto parece más bien una de esas novelas de usar y tirar que llenan los estantes de la sección de literatura fantástica de las librerías, con esas portadas chillonas en las que suelen aparecer símbolos arcanos, mujeres en paños menores y algún que otro elfo —escribía Jamie Russell en la página web de la BBC—. Fürmann, el actor protagonista, está aún más rígido que el Roble Austriaco [Arnold Schwarzenegger] la última vez que se calzó las sandalias de *Conan, el Bárbaro*, y los diálogos están poco más o menos igual de bien es-

45

critos. Sin pectorales para imponer respeto, el héroe ungido por la sangre del dragón al que encarna Fürmann blande tan febrilmente su espada que uno empieza a preguntarse si ésta no será un sustituto de otra cosa.»

Caracterizado como Giselher, Rob está casi irreconocible. Con el pelo largo y lacio (a menudo, en el curso de su carrera, su pelo ha parecido digno de ocupar un papel estelar, aunque ésta no fuera una de esas ocasiones), un poco de pelusa en la cara que parecía que jamás llegaría a ser una barba como Dios manda y un vestuario que consistía principalmente en chalecos de cuero, cuesta creer que Rob fuera a convertirse poco después en el hombre más deseado del planeta. Los críticos no repararon en él ni por su apariencia ni por sus cualidades interpretativas. En aquel momento, Rob era un actor de poca monta que hacía un papelito secundario. Nada parecía presagiar las grandes cosas que lo aguardaban.

Irónicamente, *El reino del anillo* habría caído completamente en el olvido, como muchas otras miniseries televisivas de gran presupuesto, ampulosas pero huecas, de no ser porque Rob interpretaba un papelito en ella. Conserva aún cierto interés por contar entre sus personajes secundarios con un actor que había de convertirse en una superestrella. Sus fans la buscan ahora por ser la primera vez que pudo verse a Rob en pantalla. Su título se menciona en montones de páginas web dedicadas a él, junto con diversas anécdotas acerca de cómo se embarcó en un proyecto tan insólito.

Eso es fácil de explicar: le ofrecieron el papel, y Rob comenzaba a darse cuenta de que tal vez quería dedicarse a aquello. Era, además, una aventura (pocos adolescentes tienen ocasión de pasar casi cuatro meses en Sudáfrica, alejados de sus padres) y al menos podía enseñarle los rudimentos del oficio justo a tiempo para encarnar un papel muy distinto. La estrella de Rob, que en aquel momento brillaba débilmente, estaba a punto de volverse deslumbrante.

Y no tuvo que esperar mucho. «El día que volví de Sudáfrica —contó en el *Daily Telegraph*— me llamaron [para *Harry Potter y el cáliz de fuego*] y en la prueba me dijeron que me daban el papel.» Y se lo dieron. Aquel papel iba a darle a conocer en todo el mundo y a cambiar no sólo su carrera, sino su vida entera. Rob iba a pasar de ser un buen chico de clase media londinense a desenvolverse en la escena cinematográfica internacional. Pero eso nadie, ni siquiera él, lo sabía aún.

Todavía no había decidido si quería continuar sus estudios, pero pronto llegó el momento de solventar esa duda. Al volver a Inglaterra lo esperaba el papel de Cedric, y se vio obligado a tomar una decisión. Por un lado, estaba pensando seriamente en estudiar Política y Relaciones Internacionales en la London School of Economics (la nota de sus exámenes finales de bachillerato se lo permitía). Pero si aceptaba el papel de Cedric, ese aspecto de su vida se esfumaría por completo, y aún no había garantías de que su participación en las películas de Harry Potter fuera a convertirlo en una gran estrella.

A fin de cuentas, la mayoría de los actores que intervinieron en la franquicia debieron de pensar en algún momento que les había tocado la lotería, pero lo cierto es que sólo se han hecho famosos Daniel Radcliffe, Rupert Grint y Emma Watson. Algunos otros protagonistas de la serie ya eran famosos mucho antes de intervenir en ella. Rob iba a convertirse en el más célebre de todos ellos, desde luego, pero en aquel momento, al escoger la impredecible carrera de la actuación (y descartar con ello la universidad y la posibilidad de tener una profesión asentada), estaba corriendo un riesgo muy alto.

El gusanillo de la actuación le había picado, sin embargo. No eran ya únicamente sus actuaciones como aficionado lo que lo empujaba cada vez más hacia aquel mundo nuevo y desconocido: ya había hecho sus primeros pinitos en él. Había saboreado además la independencia y se había desenvuelto solo en el mundo. Claro que también había empollado para los exámenes finales… Éste era un asunto al que daba vueltas constantemente: ¿quería ser actor o ir a la universidad? Era una decisión difícil que facilitó, quizás, el hecho de que los estudios no tuvieran para él verdadero atractivo.

Rob podía parecer un adolescente desgarbado, pero llevaba ya la vida de un adulto. Ganaba dinero (bastante más que unos años antes, cuando repartía periódicos) y la vida estudiantil no representaba para él una escapada, como sí para muchos otros

47

jóvenes de su edad. «Hasta cuando tenía diecisiete años e iba a algún bar de estudiantes, pensaba: "Que alguien me saque de aquí"», contó en la revista *Sunday Times Style* en 2008. «Aunque de todos modos no me aceptaron en ninguna universidad —añadió—. Ni en una.»

Puede que fuera porque, consciente de que quería ser actor, no se esforzara mucho por entrar en la universidad. En cualquier caso, la suerte estaba echada. Iba a hacer el papel de Cedric Diggory y a ver qué pasaba. Él no lo sabía aún, pero había dado el paso que lo convertiría en una estrella planetaria.

Eso no significaba, sin embargo, que no fuera a acabar lo que había empezado y que fuera a abandonar sus exámenes. A su regreso de Sudáfrica, y tras saber que le habían dado el papel de Cedric, tuvo apenas un par de semanas para preparar los exámenes finales, en los que sacó notas excelentes (un sobresaliente y dos notables). Esos resultados podían haberle abierto las puertas de la universidad: en efecto, Rob podía haber seguido estudiando, aunque más de una vez haya dicho que no lo admitieron en ningún sitio. Podría haber encontrado fácilmente una plaza. Pero para entonces llevaba ya la interpretación en la sangre.

Más adelante, los comentarios en torno a él comenzarían a centrarse en su apariencia física, y fue en aquella época, a sus diecisiete años, cuando su físico comenzó a tomar forma definitiva. Rob suele azorarse cuando se le pregunta por su físico, y a menudo elude las preguntas directas en las que se le pide que comente su apariencia. Por ello resulta bastante irónico que, en lo tocante al resultado de sus exámenes, parezca decir que sí, que, en efecto, no era más que otra cara bonita.

Porque lo cierto es que el propio Rob suele tomarse a broma sus buenas notas: «No sé qué pasó. No me sabía ni la mitad del temario. En aquel momento perdí mi fe en el sistema de calificaciones».

Este comentario hay que tomárselo con una pizca de incredulidad. Rob tenía tanto empeño en hacer los exámenes finales para acceder a la universidad que se pagó él mismo los estudios. Bajo su fachada ligeramente caótica había un joven muy competitivo que había invertido dos años en acabar el bachillerato y que se esforzó por sacar buenas notas. Se las arreglaba, además, para compaginar sus estudios con una carrera interpretativa que ocupaba casi todo su tiempo. Tenía muy pocas oportunidades para estudiar; sin embargo, logró salir airoso de ambos empeños. Rob estaba logrando destacar en todo lo que se proponía.

Está claro ya que Rob tiene tendencia a comportarse como si todo lo que le depara la vida fuera una enorme sorpresa, pero lo cierto es que trabaja muy duro. Es, en realidad, muy inteligente, pero él suele tomárselo a broma y distanciarse de sus experiencias personales, lo cual le fue muy útil cuando le dieron el papel de Edward y se convirtió en foco de una atención desmesurada. Una persona menos capaz no habría podido sobrellevarlo. ¿Guapo y listo? Rob nunca ha admitido ser ni una cosa ni otra, pero para llegar adonde ha llegado con poco más de veinte años hace falta algo más que un golpe de suerte. Esa mata de pelo revuelto esconde verdadera ambición.

Tuvo que sufrir aún un pequeño desengaño al irse al traste una nueva oportunidad. Rob iba a hacer su primer papel teatral como profesional en el estreno británico de *La mujer de antes*, de Roland Schimmelpfenning, en el Royal Court Theatre de Londres, pero se puso enfermo y no pudo asistir a los ensayos. Como consecuencia de ello fue despedido y sustituido por Tom Riley.

Por suerte, aquella producción teatral no era nada comparado con lo que vendría después. Y visto en retrospectiva, este nuevo revés fue más afortunado de lo que pareció en un principio. De haber aparecido en *La mujer de antes*, Rob se habría convertido en actor teatral y su nombre habría sonado únicamente entre los conocedores del teatro británico. Teniendo en cuenta la predilección que demostró por el cine independiente tras su experiencia en *Harry Potter*, cabe la posibilidad de que, de haberse subido al escenario del Royal Court (célebre por sus montajes independientes y arriesgados), se hubiera quedado en él. Podría haber llegado a la conclusión de que era allí, en el teatro, donde de verdad se sentía a gusto. A fin de cuentas era en ese lugar donde se había iniciado su carrera. En ese caso, el cine habría pasado a ser un simple destello en el hori-

49

zonte. No hay que olvidar que las dos películas que había hecho hasta entonces no habían tenido precisamente un éxito arrollador.

Rob, sin embargo, estaba destinado a convertirse en una de las grandes estrellas del cine mundial.

4

Con Harry Potter en el candelero

*L*a noticia, cuando se hizo pública, fue acogida con indiferencia: había terminado el *casting* para *Harry Potter y el cáliz de fuego*, el cuarto de los libros (y de las películas) de la serie, y Robert Pattinson, un actor británico poco conocido, iba a interpretar el papel, pequeño pero crucial, de Cedric Diggory, el guapo y malogrado campeón de Hogwarts. Nadie demostró interés por ello. ¿Robert qué?

En aquel momento, el centro de atención era Daniel Radcliffe, y puesto que se había especulado con que tal vez no interviniera en la película, los seguidores de la serie se sintieron inmensamente aliviados al saber que Daniel volvería a aparecer junto a sus compañeros de siempre, Rupert y Emma. Rob, al igual que Cedric, permanecía en segundo plano. Despertaba un vago interés, pero las chicas preferían aún a Daniel Radcliffe. Empezaba a comprender lo que suponía vivir inmerso en una especie de histeria colectiva, pero de momento se desenvolvía cómodamente en aquel mundillo.

Se ha comentado ya en este libro, y se volverá a insistir en ello más adelante, que casi todo lo relacionado con la participación de Rob en *Harry Potter y el cáliz de fuego* fue una especie de antecedente de lo que sucedería después con la serie *Crepúsculo*, pero conviene subrayar de nuevo los paralelismos existentes entre el éxito de las dos series, sus respectivas creadoras (J. K. Rowling y Stephenie Meyer) y la participación de Rob en ambos proyectos. Fue ésta, por ejemplo, la primera vez que Rob asumió el papel de héroe romántico, pues eso (y mucho más) era Cedric Diggory. Robert Pattinson comenzó a tener fans a raíz del estreno de la película, y aunque este fenómeno no alcanzaría las proporciones actuales hasta *Crepúsculo*, fue entonces cuando comenzó a destacar como una estrella por derecho propio. Esa experiencia temprana, por otra parte, le sirvió para aprender a manejarse en aquel ambiente, lo cual fue una suerte. De no haber sido así, quizá la histeria que lo engulló unos años después habría bastado para volverlo loco.

Harry Potter y el cáliz de fuego (que con el tiempo ocuparía, entre las películas de la serie, el tercer puesto en cuanto a éxito de taquilla, por detrás de *La piedra filosofal* y *La Orden del fénix*) estuvo dirigida por Mike Newell, el primer realizador británico que afrontaba el desafío de Harry Potter. Newell había sido el artífice de la afamada comedia *Cuatro bodas y un funeral* (el film que lanzó la carrera de Hugh Grant, otro icono quintaesencialmente británico), después de lo cual había cosechado un éxito considerable en Estados Unidos. El rodaje dio comienzo en 2004, con un guion que tuvo que prescindir de gran parte de los sucesos narrados en el libro, debido a su extensión, y que se centraba únicamente en Harry y el cáliz de fuego, dejando de lado los numerosos elementos adicionales que aparecen en la novela.

El rodaje se llevó a cabo casi por entero en los estudios Leavesdon, a las afueras de Londres. Así pues, esta vez Rob pudo quedarse en casa. Con el pelo echado hacia atrás y su chaqueta de colegial, encarnaba perfectamente a su personaje. Había sido elegido, cómo no, tanto por sus cualidades interpretativas como por su físico, y estuvo perfecto en el papel: consiguió darle a Cedric un matiz ligeramente relamido, como correspondía a un alumno de colegio privado, y dotarlo al mismo tiempo de una creciente preocupación por los siniestros acontecimientos que estaban teniendo lugar en Hogwarts. Al igual que el libro, la película tiene un trasfondo mucho más oscuro que las anteriores, siempre ligeras y despreocupadas. No hay que olvidar que Cedric moría al final.

A pesar de las puertas que le abría, Rob tenía sentimientos encontrados respecto a su personaje. Para sorpresa de todos, había acabado sacando buenas notas, pero siempre había sido mal estudiante, y la idea de encarnar a un alumno modélico le daba cierta grima. «Espero no parecerme mucho a mi persona-je. Lo odio. En el colegio, odiaba a todos los que eran como Ce-dric», comentó a la BBC más o menos en la época en que salió la película. (Y no sería ésta la última vez que demostrara cier-ta falta de tacto al hablar de su trabajo.)

Aquel comentario no debió de hacer ni pizca de gracia a los mandamases de la película: poco después, Rob dio marcha atrás y afirmó en declaraciones al *Evening Standard*: «Es imposible odiar a Cedric. Es muy competitivo, pero también es un buen tipo».

No siempre, sin embargo, se ceñía al guion. En otra oca-sión, durante una entrevista para ese mismo medio, volvió a hacer hincapié en lo distinto que era del prefecto de Hogwarts. Al ser preguntado si en el colegio se parecía a Diggory, dio la impresión de que apenas podía refrenar su espanto: «Para nada. Yo no era ningún líder, y la idea de que me hicieran dele-gado de clase habría dado risa. No estaba muy centrado en el colegio, y nunca me elegían para ningún equipo». Es curioso, sin embargo, que aquello comenzara a pesarle. «No me con-centraba en los estudios y no conseguí gran cosa —prose-guía—. Pero ahora tengo cierta sensación de urgencia. Tengo la impresión de que no puedo perder más tiempo.» Lo cierto es que posteriormente, aunque no pueda decirse que se dejara lle-var por la estela levantada por las películas de *Harry Potter*, Rob vivió una especie de paréntesis durante el cual tomó algu-nas decisiones profesionales controvertidas. Pero de eso habla-remos más adelante.

Cedric era, además, al igual que Edward Cullen, un chico extraordinariamente guapo, y no sólo por el actor que le daba vida. Como se ha dicho ya, la participación de Rob en ambas series está plagada de paralelismos. Uno de ellos es la aparien-cia física de sus personajes.

Las autoras de los libros habían dejado claro que, en cues-tión de físico, ni Cedric ni Edward eran del montón. Esto inco-modaba claramente a Rob. «Es bastante difícil —declaró al programa *Newsround*, de la CBBC, hablando de Cedric—. En el libro, y también la primera vez que mi personaje aparece en el guion, es un chico de diecisiete años increíblemente guapo, y es un poco desalentador intentar actuar y al mismo tiempo procurar conseguir buenos enfoques para estar monísimo y esas cosas. La verdad es que es una estupidez. Cualquiera pensaría que soy muy egocéntrico. Pero creo que eso es lo más difícil del personaje. Desde luego, da mucho más miedo que encontrarse con Voldemort.»

Rob apareció en dos películas de Harry Potter (en la segunda, su aparición fue muy breve). En ambas, la historia sigue derroteros mucho más siniestros que en las anteriores, y Cedric ocupa un papel central en los acontecimientos, especialmente en la cuarta entrega de la serie, *Harry Potter y el cáliz de fuego*.

El argumento es el siguiente: la amenaza de lord Voldemort ha vuelto, y redoblada. Durante la final de la Copa Mundial de *Quidditch*, justo antes de que Harry y sus amigos regresen para pasar su cuarto año en Hogwarts, la Marca Tenebrosa de Voldemort aparece en el cielo, lo que hace cundir el pánico, pues la comunidad mágica teme, con razón, que se avecinen problemas.

Entre tanto, Hogwarts se prepara para albergar el Torneo de los Tres Magos, una competición internacional entre tres grandes academias de magia: Hogwarts, Beauxbatons y Durmstrang. En ella pueden participar únicamente alumnos mayores de diecisiete años. Los concursantes (uno por cada escuela, elegidos por el cáliz de fuego) son Cedric Diggory, de Hogwarts; Fleur Delacour, de Beauxbatons; y Victor Krum, de Durmstrang. Luego, inesperadamente, otro nombre surge del cáliz: el de Harry.

Tras un breve altercado, en el que Harry es acusado falsamente de hacer trampas, a los concursantes se les asigna su primera tarea: luchar contra una dragona y robarle su huevo dorado. Harry lo consigue, pero al abrir el huevo en busca de la siguiente pista, sólo oye chillidos ininteligibles. Como buen compañero, Cedric le dice que abra el huevo debajo del agua. Harry así lo hace, y descubre entonces que la gente del agua le ha quitado algo que le pertenece y que puede encontrar en el lago Negro. Respirando con ayuda de una hierba mágica, Harry desciende al fondo del lago, donde encuentra

encadenados a Ron, a Hermione, a Cho Chang y a la hermana de Fleur (personas muy queridas para los concursantes).
Cedric salva a Cho y Victor a Hermione, mientras que Harry
se encarga de los otros dos, puesto que Fleur no consigue llegar a tiempo.

Justo antes de esta tarea, sin embargo, se celebra el baile de
Navidad, como era tradicional en el Torneo de los Tres Magos.
Harry, que se ha enamorado de Cho Chang, le pide que vaya
con él, pero se lleva una desilusión al saber que Cho va a ir
acompañada de Cedric, lo que da lugar a cierto resquemor entre ellos. Rob está guapísimo en su papel de héroe romántico,
en el que recuerda a un soldado abocado a un destino fatal en
el momento de partir hacia la batalla. Como prefecto de Hogwarts, Cedric tiene un brillante porvenir, pero muere en la flor
de la vida.

La tercera tarea (el gran momento de Rob y Cedric) consiste en encontrar la Copa de los Tres Magos en medio de un
enorme laberinto embrujado. Al encontrar la copa, Harry y
Cedric llegan a un pacto de caballeros para ganar conjuntamente el torneo y tocan la copa al mismo tiempo. Pero la copa
resulta ser un trasladador, un objeto mágico que transporta de un
lugar a otro a quien lo toca. En este caso intervienen fuerzas
tenebrosas y la copa lleva a Harry y a Cedric a un cementerio
donde acecha el malvado Colagusano junto a algo que parece
ser el propio lord Voldemort.

Acto seguido, Colagusano mata a Cedric por orden de Voldemort: la primera muerte crucial de la serie desde el asesinato de los padres de Harry. Luego ata a Harry a una tumba y, en
una escena que recuerda a una ceremonia de vudú, echa a Voldemort en un caldero mágico del que el Señor Oscuro emerge
completamente recuperado. (Esta escena de la película fue cali-
ficada no apta para menores de doce años: se consideró demasiado impactante para niños más pequeños.) Tras batirse en
duelo con Voldemort, Harry logra recuperar el cuerpo de Cedric y el trasladador, que lo lleva de nuevo a Hogwarts. Tras nuevas vicisitudes, en las que interviene el profesor Ojoloco Moody (o su doble, al menos), los principales aliados de Harry
aceptan que Voldemort ha vuelto a las andadas y las delegacio-

55

nes de las otras dos academias abandonan Hogwarts. La película acaba sin que se haya producido la gran confrontación entre Harry y su antagonista.

Aunque tuviera dificultades para identificarse con su personaje, Rob sabía que se le había ofrecido en bandeja una oportunidad extraordinaria. Y curiosamente estaba más nervioso por conocer a los coprotagonistas de su edad que a los mayores: a fin de cuentas, él mismo formaba parte de la generación *Harry Potter*.

Tenía once años en 1997, año en el que empezaron a aparecer los libros, y había crecido con ellos. Apenas un par de años después comenzaron a filmarse las primeras películas de la serie, de modo que había sido testigo de los progresos de sus jóvenes protagonistas y se había hecho mayor a la par que ellos. Cuando se estrenó la primera película, Rob ignoraba que unos años después actuaría junto a aquellos jóvenes actores, cada vez más conocidos, de modo que, cuando le llegó el momento de hacerlo, se encontró casi sin palabras.

56 «Me quedé un poco así [anonadado] cuando conocí a los actores principales. Fue bastante raro. Estuvimos ensayando una semana y fue muy chocante para mí conocer a esos tres chicos, que eran casi como iconos, y hablar con ellos como si tal cosa. No podía quitármelo de la cabeza. "Tú eres Harry Potter", pensaba. Era muy extraño, pero la verdad es que eran todos muy simpáticos. Fue un rodaje muy relajado.»

Como ya se ha dicho, junto a los jóvenes actores del reparto se encontraban algunas de las más destacadas figuras del mundo cinematográfico y teatral británico (Maggie Smith como la profesora McGonagall, o Michael Gambon como Albus Dumbledore, por citar sólo a dos). Indudablemente, su presencia contribuía a aquel ambiente ameno y relajado. Rob, por su parte, miraba a aquellos compañeros con asombro y admiraba su consumada profesionalidad.

Como contó a www.virgin.com tras comenzar el rodaje: «Hacen que parezca tan fácil... Porque los ves y piensas, "yo podría hacer eso". Son capaces de hacer un montón de cosas en una sola toma. Uno cambia de actitud cuando trabaja con gente joven, y ellos llevan cinco años trabajando con chavales, así que son muy indulgentes. Si haces alguna idiotez, lo aceptan. Y eso ayuda un montón».

El propio Rob ha contado que era un jovencito engreído cuando empezó el rodaje y que al acabar éste había perdido por completo su arrogancia. A fin de cuentas, había pasado de estudiante a actor casi de la noche a la mañana, y aunque nunca permitió que se le subiera a la cabeza, él mismo reconoce que durante una temporada corrió el riesgo de que así fuera.

«He cambiado muchísimo —declaró a la revista *Seven*—. No soy ni mucho menos tan engreído como antes. El primer mes me porté como un auténtico imbécil. No hablaba con nadie. Sólo bebía café y le decía a todo el mundo que tenía veinticuatro años y que era un famoso actor de cine que acababa de volver de Sudáfrica.» En realidad, tenía dieciocho años. Esto contrasta con el recuerdo que sus compañeros de rodaje guardan de él. De hecho, Rob se llevaba muy bien con todo el equipo. Sus comentarios tenían siempre, igual que ahora, un aire de humildad y modestia.

Lo que de verdad dejó agotado a Rob fue el volumen de trabajo que conllevó la película. El rodaje fue largo: la película estaba repleta de efectos especiales y exigía gran cantidad de especialistas (de lo cual hablaremos más adelante), y nada de lo que Rob había hecho hasta ese momento lo había preparado para aquella experiencia.

De hecho, al acabar el rodaje estaba tan cansado que prefirió dedicarse a proyectos muy distintos, proyectos que en cierto modo podrían haber hecho descarrilar su carrera si *Crepúsculo* no se hubiera interpuesto en su camino. Para cuando esto sucedió, Rob estaba ya acostumbrado a hacer acrobacias ante la cámara, a los rodajes interminables y a la paliza que supone, en general, rodar una película supertaquillera, y se sentía mucho más capaz de soportar los rigores del programa de trabajo. *Harry Potter* le había enseñado cómo funcionaba aquel mundillo. Sin Cedric, no habría habido Edward o, al menos, no tal y como lo interpreta Rob. Pero el aprendizaje fue arduo y Rob tuvo que aprender mucho en muy poco tiempo.

Cuando la película se estrenó, en 2005, el chico se vio sometido a un intenso escrutinio. Naturalmente, aquello no fue

57

nada comparado con lo que supondría encarnar a Edward Cullen, pero puede considerarse una especie de ensayo general de lo que sucedería unos años después. Cho Chang no fue la única que reparó en los muchos encantos del guapísimo Cedric: hubo muchas otras chicas que se fijaron en él, y Rob comenzó a tener un club de fans propio. Éste no llegó a los extremos de años posteriores, pero resultó evidente que las chicas se dividían entre fans de Harry y fans de Cedric, y que estas últimas eran muchas más de las que podía pensarse en un principio.

A fin de cuentas, Cedric fue fugazmente un personaje tan relevante como el propio Harry, en el sentido de que protagonizó junto a éste la campaña promocional de la película. Y dicha campaña fue, no lo olvidemos, de alcance mundial. En el cartel de la película se veía en primer plano al trío central formado por Harry, Ron y Hermione, pero Cedric aparecía justo detrás, preparándose para participar en el Torneo de los Tres Magos. Aparece también en la portada del DVD y en muchos de los fotogramas que se distribuyeron entre la prensa (gran parte de los cuales se centraba en su rivalidad con Harry) durante la campaña promocional que precedió al estreno de la cinta. Pero aquí la palabra clave es «fugazmente». Cedric es uno de los primeros personajes en morir en el libro, lo cual escocía ligeramente a Rob. «Miraba a los otros actores y pensaba, "¡qué suerte la vuestra! Tenéis otras tres películas aseguradas"», contó en la revista *Evening Standard*.

Al final, fue él quien tuvo suerte. Si hubiera tenido otras tres películas por delante, tal vez no hubiera podido hacer el papel de Edward, que lo lanzó a la estratosfera; a causa de esto, su número de fans acabaría superando con creces al del propio Daniel Radcliffe.

Y, en cualquier caso, ser un muerto importante dentro del universo *potteriano* tenía sus ventajas. «Estaba deseando rodar la escena del cementerio —comentó Rob en otra ocasión—. No había muerto nadie todavía, así que [la de Cedric] será siempre la primera muerte de *Harry Potter*. Estuvo muy bien, creo que fue una de las mejores partes de mi papel.»

En cuanto a la química en pantalla entre Rob y Cho (a la que daba vida Katie Leung), estaba ahí, pero no en el mismo grado que con Kristen. Para empezar, en este caso no hubo prueba previa para comprobar si «saltaban chispas» entre la pareja. Claro que su relación no era el eje central del relato. Rob y Katie hacían buenas migas, y sus escenas no parecen en absoluto forzadas. «Katie y yo nos llevamos muy bien, es una chica fantástica. Bailo con ella y hay muchas escenas en las que nos damos la mano y cosas así», declaró Rob en el programa *Newsround* de la CBBC.

Naturalmente, su relación con Cho en la película carecía de la intensidad de la que iba a tener con Kristen en *Crepúsculo*, lo cual es lógico si se tiene en cuenta que sus personajes eran más jóvenes que Edward y Bella. Y, por otro lado, Cedric carecía de la pasión arrebatadora que Edward llevaba en la sangre.

Cuando le preguntaron qué tenía en común con Cedric, Rob se mostró mucho más cauto que anteriormente. (La verdadera respuesta era que no mucho, pero para entonces sabía ya que no debía decirlo.) «Me identifico más o menos con él en varios sentidos —declaró en *Newsround*—. Yo no soy tan bueno como él; Cedric tiende a hacer siempre lo correcto, y yo no tengo esa necesidad constante. Pero suelo ser bastante agradable. Creo que él también lo es, y ésa es una de las cosas en las que más nos parecemos. Y bueno, yo tengo el pelo rubio y, no sé, soy bastante deportista. Pero creo que él es mejor persona que yo.»

Como es lógico, el rodaje despertaba mucha curiosidad. Especialmente, la escena del laberinto del Torneo de los Tres Magos. En *Newsround* le preguntaron si había resultado difícil de filmar: «Sí, esa secuencia fue muy intensa. La rodaron justo al principio, la primera semana que estuve en el rodaje. Era muy difícil trasladar a la película todas las cosas que en el libro ocurren en el laberinto, como todo eso de los acertijos, etcétera. Era casi imposible. Pero Mike Newell lo hizo muy bien. Se le ocurrió que, en el laberinto, es solamente el miedo, la oscuridad y el aislamiento lo que vuelve un poco locos a los concursantes. Estábamos entusiasmados».

No debe olvidarse que todo aquello era todavía sumamente nuevo para Rob. A pesar de la magnitud del proyecto y de la relevancia del papel que interpretaba, era sólo su tercer trabajo para la gran pantalla. El hecho de que lograra salir airoso del empeño indica lo mucho que confiaba en él el director y lo deprisa que asimiló Rob los entresijos del rodaje.

«Estás a tope de adrenalina y empiezas a rodar esa escena la primera semana, y has conocido a los otros actores la semana anterior y, de pronto, tienes que enloquecer con ellos —proseguía Rob, recordando aquellas primeras semanas—. Fue muy intenso, pero creo que también fue lo más divertido, porque fue un trabajo muy físico. Fue muy divertido dispararnos varitas mágicas los unos a los otros. Las escenas debajo del agua también fueron muy físicas. De hecho, todas mis escenas eran más o menos de acción. Eran todas de bastante desgaste físico.»

Las escenas acuáticas supusieron indudablemente un desafío, puesto que se filmaron realmente bajo el agua, en un tanque de dieciocho metros de profundidad con fondo azul. Rob tuvo que aprender a bucear, lo que demuestra nuevamente hasta qué punto su papel supuso un reto para él.

«Sí, fue muy extraño —continuaba Rob—. Todo es completamente azul y hay buceadores con equipos de oxígeno también vestidos completamente de azul. La verdad es que no se ve nada. Después de rodar la toma, te metes el respirador en la boca. Hacíamos tomas de treinta segundos, y no podían salirme burbujas de la boca ni nada, porque se supone que en la película puedo respirar debajo del agua. Era muy raro estar debajo del agua. No te sientes nada cohibido. Es muy agradable. No ves al equipo. No oyes nada. Es fantástico, sólo que no puedes respirar.»

Fue en ese momento, claro está, cuando sus aptitudes para el deporte ocuparon el primer plano. Como él mismo había señalado, casi lo único que Cedric y él tenían en común era su afición por el deporte, y aunque tuvo que aprender a bucear para filmar la escena, no le supuso ningún esfuerzo.

Cuando le preguntaron si le había dado miedo, respondió: «No, qué va. Nunca había buceado, así que la primera semana estuve aprendiendo. Me metía en una bañerita para practicar. No vi el tanque grande hasta que empezaron a rodar en él. Era como cien veces más grande que el tanque de prácticas y mucho más profundo, así que me dio un poco de miedo cuando me metí en él, porque tienes que acostumbrarte a la presión y todo eso. No sé si habéis buceado alguna vez, pero es muy distinto. En la bañerita me parecía muy fácil, porque lo es, pero cuando buceas en un tanque muy hondo da un poco de miedo al principio. Pero me acostumbré enseguida».

La modestia y el buen humor propios de Rob le fueron muy útiles también en otros sentidos. La película trataba en buena medida de la rivalidad adolescente, concretamente entre Harry y Ron, puesto que éste empieza a creer que Potter está intentando convertirse en el centro de atención de todo el mundo y se pone muy celoso. Además de esa línea argumental, Harry se enamora de Cho, la cual se enamora a su vez de Cedric, situación que da lugar, como se ha explicado más arriba, al clásico triángulo amoroso. Cabía, por otro lado, la posibilidad de que esa rivalidad se trasladara fuera de la pantalla (lo cual habría resultado muy conveniente).

Desde el inicio de las películas sobre Harry Potter, Daniel Radcliffe había sido la estrella del espectáculo. Incluso cuando empezó, a los once años, despertaba pasiones entre las fans, y al ir haciéndose mayor se convirtió en un auténtico ídolo. Este estatus incluía, claro está, la adoración de las chicas, que lo consideraban su hombre ideal. Hasta la cuarta película, ninguno de sus compañeros de reparto supuso una verdadera amenaza para él en este sentido.

Las cosas empezaron a cambiar con la llegada de Rob. Su físico arrebatador (que, a diferencia de lo que ocurrió en *El reino del anillo*, donde se le restó importancia, se realzó hasta la perfección para hacer de él el estudiante ideal) empezaba a convertirse en objeto de deseo. Aquella situación podría haber molestado a Daniel, y podría haber causado problemas durante el rodaje si Rob hubiera querido provocarle. Pero en realidad, demostrando de nuevo su encanto, hizo exactamente lo contrario.

«Creo que, en la vida real, [Daniel] es tan superior a mí como objeto de deseo que no puedo competir con él», declaró Rob en *Newsround*, en respuesta a una pregunta acerca de si bromeaban entre sí en relación con que en el libro no se llevaran bien. «Así que no bromeaba mucho con eso. Seguramente me echaría a llorar, si lo hiciera. Si yo fuera Katie, saldría con él porque es rico y famoso, y yo no lo soy.» Tal vez su creciente ejército de admiradoras no habría estado de acuerdo, pero aquello contribuyó sin duda a calmar los ánimos.

Al final, todo aquel trabajo (incluidas las escenas más arduas) valió la pena: la película cosechó críticas espectaculares. «Resulta estimulante que *Potter 4* aspire a ser un *thriller* paranoide, en vez de otro misterio de detectives», escribió Angie Errigo en la revista *Empire*. «De nota son también los magníficos efectos especiales y el considerable encanto de la película.»

Time Out decía: «*Harry Potter y el cáliz de fuego* es un espectáculo deliciosamente siniestro, divertido, perverso y soberbiamente montado. Tiene, además, toques buenísimos, como la interpretación que Ralph Fiennes hace del malvado lord Voldemort, o la que Brendan Gleeson hace de Alastor Moody, el mago bizco. Newell centra la acción en dos acontecimientos clave del libro: el baile de Navidad de Hogwarts y el Torneo de los Tres Magos (una peligrosa competición a tres pruebas en la que intervienen dragones magníficamente generados por ordenador, pulpos semejantes a sirenas llamados *grindylows* y un lúgubre laberinto)».

«Que rueden los adjetivos: ésta es la película infantil más emocionante, mágica y conmovedora que he visto desde…, en fin, desde la última película de Harry Potter», afirmaba David Edwards en el *Daily Mirror*.

Por parte de Mike Newell, «es un logro considerable mantener la emoción hasta un punto apasionante», opinaba James Christopher en *The Times*. «Una de las perpetuas delicias de la adictiva serie de J. K. Rowling es su capacidad para crear matices de perversidad cada más vez más espeluznantes. Aquí, el miedo cobra la forma de horrendos dragones, visiones ponzoñosas de lord Voldemort. En cuanto a su capacidad para generar miedo, el tenue espectro de Ralph Fiennes está a años luz de sus encarnaciones anteriores.»

El público estuvo de acuerdo. *Harry Potter y el cáliz de fuego* batió todos los récords: menos de una semana después de su estreno había recaudado más de 102 millones de dólares en

Norteamérica, más que cualquiera de las películas anteriores de la serie en su primer fin de semana. En total, ganó más de 895 millones de dólares en todo el mundo; fue la película más taquillera de 2005 y la octava de todos los tiempos. Fue la única película de Harry Potter que ganó un premio BAFTA (al mejor diseño de producción), y consiguió una candidatura al Óscar a la mejor dirección artística, premio que finalmente recayó en *Memorias de una geisha*. Obtuvo, en definitiva, un éxito arrollador.

Las críticas fueron, en general, muy positivas para todos los que participaron en ella: el reparto habitual, los nuevos actores (especialmente en el caso de Fiennes), el director... Todos. Pero quien verdaderamente destacaba para aquellos comentaristas que sabían reconocer a una joven estrella cuando la veían era el actor que daba vida al rival de Harry. Como dijeron algunos, Rob no sólo se llevaba la palma: también se llevaba a la chica.

No obstante, Rob no tenía del todo asegurado su nuevo estatus, como él mismo dejó entrever al contar una anécdota cargada de humor. «En un estreno de *Harry Potter* había muchísima gente gritando y una chica me pidió que firmara algo —recordó en una entrevista para la revista *Glamour*—. Estaba firmando cuando apareció Daniel Radcliffe, y la chica me arrancó el cuaderno y dijo: "¡Quiero a Daniel!". Así que me fui de allí arrastrando los pies.»

Aquello, sin embargo, no duraría mucho. Rob sabía que participar en una serie tan importante lo lanzaría a la fama, y así fue, en efecto. Acababa de cumplir diecinueve años y se hallaba en la cúspide del estrellato, a pesar de que la fama que le reportó el personaje de Cedric no pueda compararse en magnitud con la que le daría el papel de Edward Cullen años después. «El otro día alguien me pidió un autógrafo, lo cual está muy bien», contó poco después del estreno del film en una entrevista para *Newsround* que hoy día suena deliciosamente ingenua, si se piensa en la popularidad que alcanzaría después. «Pero no sé. Espero que la *pottermanía* no me obligue a encerrarme en casa, porque ya casi no salgo de ella.»

Ésa es otra clave del carácter de Rob y uno de los motivos por los que interpreta tan bien a Edward: no siempre ha sido muy sociable. Aunque no fuera exactamente un ermitaño (tenía un par de amigos íntimos con los que salía; uno de ellos el también actor Tom Sturridge), tampoco era muy dado a las fiestas. Uno de los aspectos más destacables de su trabajo interpretativo es que a menudo logra transmitir la sensación de mantenerse al margen, algo absolutamente crucial a la hora de encarnar a Edward Cullen. Y, cómo no, esa leve distancia que pone respecto a los demás sólo sirve para acrecentar su atractivo. Siempre (incluso cuando muestra su faceta más cómica y humilde) parece estar guardándose algo. Nunca da la impresión de estar ansioso por complacer, lo cual contribuye en gran medida a aumentar su encanto.

Harry Potter y el cáliz de fuego fue para Rob, como ya se ha dicho, una especie de ensayo general de lo que sucedería posteriormente con *Crepúsculo*. Y la guinda de ese ensayo general la puso el estreno. Rob había cumplido ya diecinueve años cuando salió la película, el 18 de noviembre de 2005, y aunque los tres protagonistas principales siguieron centrando la atención general, no cabe duda de que había nacido una nueva estrella. «La verdad es que [el estreno] me dio pesadillas con meses de antelación», dijo Rob en una entrevista para el *Daily Telegraph*. Según contó él mismo, fue a Jasper Conran y eligió «una ropa de lo más ridícula y extravagante. En la tienda tenía muy buen pinta, pero luego me la puse y pensé: "Pareces un imbécil"».

De hecho, en el estreno parecía una estrella de rock: llevaba pantalones de cuero negros, camisa blanca de algodón, por fuera, y una chaqueta de terciopelo rojo oscuro. Uno de los asistentes comentó que podría haber sido el hermano pequeño (y más guapo) de Mick Jagger. Rob aparece fotografiado abrazando a Rupert y Emma, a los que saca varias cabezas. Aunque en aquella época ellos eran más famosos, si se miran las fotografías hoy día, no cabe duda de quién estaba destinado a alcanzar mayor popularidad. Sin pretenderlo siquiera, Rob sobresalía entre los demás.

Ese día había doce mil personas en Leicester Square, y muchas de ellas querían ver a Rob, el chico nuevo del barrio... y su nueva sensación. «Estuve como en trance todo el tiempo

—recordó después Rob—. El día anterior estaba allí sentado, en Leicester Square, tan contento, sin que nadie se fijara en mí. Después, de pronto, un montón de desconocidos empieza a gritar tu nombre. Es increíble.»

Rob empezaba a despuntar a lo grande: el *Times* mencionaba su nombre como uno de los personajes del año bajo el epígrafe «Casi famosos». «Este joven de diecinueve años, de cara fresca y fotogénica, rebosa tanto encanto y atractivo que los directores de reparto le auguran un gran futuro», escribía Patricia Dobson, la compiladora de la lista de grandes estrellas británicas del mañana para *Screen International*, en la que se basó el artículo del *Times*. Dobson añadía: «A pesar de haberse iniciado en el cine con *Harry Potter*, Pattinson cita a Tim Burton y a Todd Solondz entre los directores a los que admira por "romper barreras"». Como iba a demostrarse más adelante, aquello indicaba que Rob también quería romper barreras.

Había nacido una estrella… o casi. Rob había saltado a la fama gracias a una de las franquicias cinematográficas más exitosas de todos los tiempos. Pero iba a costarle algún tiempo afianzar su triunfo y dar el paso definitivo hacia el estrellato. Durante una temporada pareció ir a la deriva. Tomó algunas decisiones muy peculiares respecto a lo que quería hacer a continuación, y estuvo un tiempo de vacaciones, sin hacer nada.

Todo aquello (el salto desde el grupo de teatro de Barnes a su aparición en *Harry Potter*) había pasado tan deprisa que parecía un poco aturdido. Él, que siempre había sido en cierto modo un lobo solitario, prefirió encerrarse en sí mismo. Y al borde del éxito mundial, estuvo en un tris de arrojarlo todo por la borda.

5

Confuso y despeinado

Con su primer *Harry Potter* en el bolsillo, Rob debería haber tenido el mundo a sus pies. Cualquiera que participara en esa franquicia cinematográfica tenía garantizada una audiencia de cientos de millones de espectadores, y también (o casi) la fama posterior y masiva. Más aún en el caso de Rob: el *Times* había constatado ya que su estrella iba en ascenso, y poco después la revista *Teen People* lo nombraría «sucesor de Jude Law».

No sería ésta la última vez que lo compararan con dicho actor, del que lo separaba una generación. Sus caras guardaban cierto parecido, pero la comparación (en la que salía ganando) molestaba a Rob. Los motivos de ese malestar pueden ser varios. Por de pronto, a muchos actores les incomoda verse comparados con otros compañeros de profesión: prefieren sentir que son únicos, que Robert Pattinson es Robert Pattinson, no el sucesor de otra persona. (Stephenie Meyer iba a sufrir la misma experiencia, puesto que a menudo se la ha comparado con J. K. Rowling.) En segundo lugar, aunque Rob jamás lo habría dicho y seguramente ni siquiera lo pensaba de manera consciente, después de los inicios de su carrera, en los que causó sensación, la reputación de Jude Law se había empañado considerablemente. Su vida personal se consideraba algo turbia tras una serie de escandalosas revelaciones acerca de presuntos líos amorosos con niñeras y otras cosas por el estilo, y el enfriamiento de su carrera como actor trajo consigo el declive de su prestigio profesional. Ser comparado con Jude Law no era ya algo muy bueno, como podía haber sido en algún momento. Además, Law se estaba quedando calvo. Y el pelo de Rob era su orgullo y su alegría.

Pero Rob no hacía gran cosa. Al principio, en palabras suyas, pasó algún tiempo saliendo por Los Ángeles con unas cuantas camareras. Sólo se ponía las pilas para ir a reuniones. Le encantaban las reuniones.

Como contó en la revista *Seven*: «Me gustan mucho las reuniones que hacen allí [en Los Ángeles]. Vas y a nadie le importa si eres una buena persona o no. Haces la prueba y, si vales para el papel, lo haces; y si no vales, pues no vales». Nadie ha resumido nunca tan bien el funcionamiento de la industria cinematográfica. Esas reuniones, sin embargo, no estaban dando ningún resultado, en parte, quizá, porque Rob disfrutaba tal y como estaba: saliendo por ahí, tomando el sol y pasándolo bien. El dinero no era problema: llevaba algún tiempo ganándose la vida por su cuenta; además, tras *Harry Potter*, tenía suficiente para ir tirando.

Pese a todo, tuvo que aprender a comportarse en situaciones muy distintas. No había tenido una infancia sobreprotegida, pero más de una joven estrella británica había fracasado en Hollywood o se había puesto en ridículo sencillamente por no entender cómo funcionaban las cosas. Rob no cayó en esa trampa. Tenía edad suficiente para empezar a disfrutar de la cultura de los pubes londinenses, pero (como él mismo declaró a *Seven*) muy pronto se dio cuenta de que al otro lado del Atlántico las cosas eran muy distintas. «En Inglaterra, si quieres hacerte el duro —explicó—, sales y te emborrachas y luego vas por ahí con cara de tener una resaca monumental; pero si eso mismo lo haces en Estados Unidos, todo el mundo te mira como diciendo: "¿Tienes problemas con el alcohol?"». Fue una suerte que se diera cuenta tan deprisa: en el futuro, iba a pasar mucho tiempo en Estados Unidos.

Cada vez era más evidente que no sólo destacaba por su físico excepcional entre los miles de aspirantes a actores que poblaban Hollywood. Era, además, un actor con verdadero talento, capaz de adoptar y hacer suyos papeles muy dispares. El personaje de Cedric Diggory no era tan relevante como los de Harry y sus amigos íntimos, pero sí esencial para la historia

67

de *El cáliz de fuego*, y todo el mundo estaba de acuerdo en que Rob lo había interpretado de forma brillante. Aquél debería haber sido, pues, su momento.

Pero no lo era. Rob subrayaba a menudo delante de los periodistas (y de cualquiera que quisiera preguntarle) que había empezado a actuar casi por accidente. Puede que fuera esa falta de estrategia lo que le condujo a tomar un par de decisiones profesionales que cabe calificar de inesperadas. En primer lugar, hizo un par de trabajos para televisión, en lugar de aparecer en otra película supertaquillera del estilo de *Harry Potter*; en segundo lugar, al menos uno de esos proyectos estaba muy por debajo de su nivel.

Era aún muy joven, sin embargo, y apenas había empezado a desenvolverse en la industria del cine, de modo que tal vez no deba sorprender a nadie que tardara un tiempo en dar el siguiente gran paso. De hecho, en aquel momento no tenía claro aún que quisiera dedicarse a la actuación. A fin de cuentas, ésta nunca había sido su gran ambición: incluso en el momento de firmar el contrato para interpretar a Edward Cullen seguía contemplando la posibilidad de dejarlo todo.

Tras pasar una temporada en Los Ángeles sin ningún resultado, Rob regresó a Inglaterra y se buscó un pisito en el Soho, el barrio bohemio de Londres, en pleno centro de la ciudad. El Soho es una zona llena de atractivos. Antiguo barrio chino, alberga ahora pequeñas empresas, revistas y restaurantes excelentes, además de ser el hogar de numerosos artistas y sus acólitos. A pesar de hallarse en el corazón de la gran metrópoli, su ambiente es casi el de un pueblo: uno de esos sitios en los que todo el mundo se conoce. En sus calles estrechas, en sus bares o en sus cafés uno puede encontrarse constantemente con amigos y conocidos. El Soho era, pues, el lugar perfecto para que un chico joven pasara el rato.

«Era genial —contaría Rob más adelante—. Había que atravesar la cocina de un restaurante para subir a las azoteas, pero luego podías andar por todos los tejados [...]. Pasé un año sin hacer nada. Me sentaba en la azotea y tocaba música [...]. Creo que nunca me lo he pasado mejor.»

Fue más o menos en esta época cuando comenzó a salir con

la modelo Nina Schubert. No se conocieron en el mundillo de la farándula; eran vecinos en Londres y se conocían desde los tiempos de Barnes. Se separaron como amigos; pasado un tiempo, Nina se trasladó a Nueva Zelanda para probar suerte como pintora.

Rob y Nina se relacionaban con un grupo de gente joven, de mentalidad afín a la suya, que estaba empezando en el mundo del espectáculo. Nina (alta, rubia y esbelta) viajaba tanto como Rob y llevaba seis años trabajando como modelo, desde que la descubrieron a los diecisiete años.

«Me descubrió una agencia de Covent Garden, un día que iba por la calle con una amiga —contó a la página web—. Alguien se fijó en mí. Salí en una película a los diecisiete años. Se llamaba *Dream*. Hay parones en el mercado y no trabajas todo el tiempo. He viajado muchísimo por todo el mundo: Milán, Londres, París, España, Nueva York, México..., trabajando para revistas de moda, para catálogos y desfilando en pasarela. Me gustaba viajar, pero el trabajo es casi siempre muy aburrido. Pasas mucho tiempo esperando. Pero está muy bien pagado.»

La relación terminó en 2006, pero Rob y Nina siguieron siendo amigos. Nina vivió en varias ciudades de todo el mundo antes de recalar en Hawera, Nueva Zelanda, donde vivía tranquilamente hasta que de pronto su ex novio se convirtió en el hombre más deseado del planeta y la gente empezó a interesarse por ella. Ni Rob ni ella han contado detalles de su relación, pero Nina confirmó que eran amigos.

«Rob y yo seguimos siendo muy buenos amigos —escribió en la página web—. Espero que venga [a Hawera], si el trabajo se lo permite. Le regalé algunos cuadros míos cuando vivíamos juntos en Londres. Ahora me ha encargado uno, y ya estoy trabajando en él.»

En aquella época, mientras vivía en Londres, Rob pasaba mucho tiempo con Nina y su amigo Tom Sturridge. La música, mucho más que la interpretación, era el eje de su vida. Pero si no empezaba a hacer planes y encontraba un proyecto importante en el que trabajar, su flamante carrera se desvanecería, y Rob empezaba a darse cuenta de que no era eso lo que quería. Así pues, comenzó a pensar en qué podía hacer a continuación.

Las decisiones que tomó en aquel momento no fueron las que cabía esperar de una estrella recién descubierta que había participado en una de las películas más taquilleras de la historia. Podría haber escogido entre multitud de papeles de adolescente, pero no le interesaban (lo cual resulta irónico, si se tiene en cuenta que Edward Cullen, con sus diecisiete años, es el papel adolescente por antonomasia). Se embarcó, en cambio, en una serie de pequeños proyectos muy distintos a los papeles que había interpretado hasta la fecha. Parecía estar probando qué se le ofrecía y qué era capaz de hacer que no hubiera hecho antes. Tal vez tenga que ver con la gente a la que admira.

Su actor predilecto no podría ser más distinto a él. «Aspiro a ser Jack Nicholson —le dijo a un entrevistador—. Adoro cada uno de sus ademanes. Antes intentaba parecerme a él prácticamente en todo lo que hacía, no sé por qué. Vi *Alguien voló sobre el nido del cuco* cuando tenía unos treces años, y empecé a vestirme como él. Intentaba imitar su acento. Lo hacía todo igual que él. Creo que sigo teniendo esa manía.»

Para mucha gente, esa aspiración de Rob resulta sorprendente. Últimamente Jack Nicholson no es una figura tan atractiva como antes, pero en su juventud no sólo era un hombre muy guapo, sino también un actor que rompía moldes. Su actuación en *Alguien voló sobre el nido del cuco* ha pasado a la historia del cine como una de las mejores de todos los tiempos, y sus apariciones en películas posteriores como *El resplandor* o *Las brujas de Eastwick* le aseguraron un lugar duradero en la cumbre. A pesar de los titulares sensacionalistas que ha cosechado en ocasiones, Nicholson es en gran medida un actor de actores; al convertirlo en su ídolo, Rob estaba mandando un claro mensaje de que se tomaba muy en serio su profesión. No quería ser solamente un galán: quería interpretar.

Nicholson no podría ser más distinto de Rob, tanto en su vida privada como en la profesional, pero de joven había asumido numerosos riesgos. Puede que fuera eso lo que impulsó a Rob a embarcarse en algunos proyectos de resultado incierto. Acababa de interpretar al típico héroe adolescente y todo el mundo esperaba que se metiera en la piel de otro estudiante de colegio privado, posiblemente de alguno que luchara contra las fuerzas del mal. De ahí que Rob decidiera cambiar las tornas y tomar un camino muy distinto.

Su primera elección fue, en realidad, bastante lógica desde el punto de vista actoral, puesto que extendía considerablemente los registros que había tocado hasta ese momento. Participó en una película para televisión que debía emitirse en la BBC4, tan distinta a *Harry Potter* que puede considerarse un primer intento premeditado de eludir su encasillamiento como ídolo adolescente. La película se titulaba *The haunted airman* y, aunque no pareció despertar mucho interés en el momento de su emisión, quienes sí se fijaron en ella le dedicaron (a la película, y también a Rob) críticas excepcionalmente buenas.

La película estaba basada en una novela de Dennis Wheatley llamada *Magia negra*, de cuya adaptación se encargó Chris Durlacher. Rob interpretaba a Toby Jugg, un piloto de las fuerzas aéreas británicas traumatizado por su participación en el bombardeo de la ciudad alemana de Dresde a finales de la Segunda Guerra Mundial y paralizado de cintura para abajo. Toby es enviado a una remota mansión en Gales para recuperarse, y allí queda al cuidado de un siniestro psiquiatra llamado Hal Burns (Julian Sands, con quien Rob había trabajado anteriormente en *El reino del anillo*). Poco después, Toby comienza a sufrir pesadillas y alucinaciones en las que insectos y figuras borrosas se deslizan por su cuerpo y su conciencia, aunque no está claro si se deben a sus remordimientos por haber tomado parte en los bombardeos o al tratamiento del doctor Burns.

En medio de este ambiente cada vez más opresivo aparece su tía Julia (papel interpretado por Rachael Stirling), de la que Toby está enamorado, pero que parece entenderse a escondidas con el doctor Burns. Toby le ha escrito cartas describiéndole su angustia, cartas que, naturalmente, son interceptadas por el doctor Burns. Toby se convence de que su psiquiatra ha estado espiándolo y pronto comienza a sospechar que su tía también está implicada.

La película tiene una atmósfera extraña, estremecedora,

71

casi de horror gótico, pese a lo cual cosechó críticas excelentes. En www.britmovie.co.uk aparece descrita del modo siguiente: «La película huye por lo general de las tácticas más obvias del cine de terror y de las supercherías propias de la factoría Hammer, y se apoya, en cambio, en la ambientación y en un trabajo de cámara escalofriante para llevar al espectador una sensación de trastorno psicológico, lo que significa, por otra parte, que casi peca de exceso de sutileza».

Así era, en efecto. Pero Rob buscaba una producción de perfil bajo. Nunca había ocultado que, en ocasiones, su experiencia en *Harry Potter* le había resultado abrumadora. Un relato sesudo para un canal de televisión minoritario era el contrapunto perfecto. El único problema era que nadie vería su trabajo.

Pese a todo, su actuación impresionó a los entendidos. En su crítica a *The haunted airman* para *The Observer*, Sarah Hughes comentó: «La BBC4 echa el resto para Halloween con esta espeluznante adaptación de la novela de Dennis Wheatley *Magia negra* (1948). Robert Pattinson (más conocido como el Cedric Diggory de *Harry Potter*) interpreta admirablemente al protagonista, Toby Jugg, un aviador inválido al que atormentan los remordimientos y las vivencias de la guerra. El siniestro doctor Hal Burns (interpretado con conveniente turbiedad por Julian Sands) intenta llegar al fondo de su complejo de culpa y de su relación con su tía Julia (Rachael Stirling). Se trata de una adaptación sombría, escalofriante y absolutamente absorbente, aunque conviene hacer dos advertencias: los admiradores de la novela notarán ciertas disparidades en el argumento, y quienes sufran de aracnofobia deberían abstenerse de verla».

La fobia a las arañas era algo que Rob, por su parte, tuvo que aprender a soportar por el bien de su arte. En la cinta aparecían toda clase de bichos, a menudo correteando por su cuerpo. Pero, aparte de esto, la experiencia le sirvió para aprender cómo se creaba una atmósfera tenebrosa utilizando técnicas sutiles, lo cual le sería muy útil en años posteriores.

Rob seguía sin tener del todo claro si quería dedicarse a la interpretación, pero en los momentos en que se convencía de que aquélla era su verdadera vocación pensaba en términos muy ambiciosos. Empezaba a acariciar la idea de crear su propia productora, y trabajar en un proyecto como *The haunted airman* le fue de gran utilidad: aquella producción de bajo presupuesto le demostró que, teniendo una visión artística clara y sirviéndose de técnicas ingeniosas, podía crearse algo muy especial. Con coherencia y habilidad, cualquier proyecto podía llevarse a la práctica.

El crítico Harry Venning reparó también en la atmósfera de pesadilla que impregnaba la película... y en los atributos físicos de su protagonista. En TheStage.co.uk. escribió: «En la BBC deben de haber requisado todos los filtros azules [geles de iluminación] para rodar *The haunted airman*, una historia de fantasmas perturbadora, bella y escalofriante. [...] Ambientada en una casa de reposo para soldados afectados de estrés postraumático durante la Segunda Guerra Mundial, tiene como protagonista a Robert Pattinson en el papel de un piloto de las Fuerzas Aéreas que, condenado a una silla de ruedas, padece angustia, culpabilidad y paranoia. O eso, o se encuentra encerrado en un infierno íntimo dirigido por el diablo en persona, que manda arañas, pájaros y espíritus de muertos para atormentarlo. Decidan ustedes. Pattinson (un actor con la mandíbula tan bien cincelada que podría partir granito) encarna al aviador del título con una mezcla perfecta de terror juvenil y cinismo mundano. Julian Sands pone un punto escalofriante en su interpretación del untuoso doctor Burns, y Rachael Stirling encarna a la atenta y solícita "tía" del protagonista».

La crítica aparecida en *The Independent on Sunday* mencionaba también la mandíbula de Rob, aunque no fuera en conjunto tan halagüeña como lo habían sido casi todas las demás. «Me ha gustado que este año la programación de Halloween tuviera cierto aire de andar por casa. *The haunted airman*, de la BBC4, se me hizo pesadísima, aunque de vez en cuanto apareciera una araña o algún efecto sonoro para mantener el interés del espectador. La salvaba de la quema la estructura facial del aviador (Robert Pattinson), que interpretaba a un personaje llamado Toby Jugg, aunque el nombre no le pegara ni con cola. Como Catherine Deneuve en *Repulsión*, era tan bello que uno no podía dejar de mirarlo, hechizado, mien-

73

tras se hundía (predeciblemente y con bastante lentitud) en la psicosis.»

En conjunto, Rob había salido muy bien parado. El problema fue que la película pudo verse en pocas ocasiones y muy distanciadas entre sí. El canal en que se emitió, BBC4, era digital, no mayoritario, y en aquel momento (2006) tenía poco tirón entre el público. Rob empezaba a demostrar que era un actor serio y que se debía tener en cuenta, y no una estrella fugaz con unos pómulos capaces de cortar pan. Pero, aun así, ¿qué sentido tenía ser un actor asombroso si nadie te veía actuar?

En realidad, Rob sólo había cosechado un gran éxito en términos de recaudación y atención mediática (ambas cosas esenciales si se quiere triunfar en la gran pantalla), y había sido *Harry Potter*. Sus escenas en *La feria de las vanidades* habían sido eliminadas y, en cuanto a *El reino del anillo*, más valía olvidarlo. No había en aquel momento ningún indicio de que su carrera fuera a despegar. A menudo se escribe sobre él como si hubiera pasado directamente de *Harry Potter* a *Crepúsculo* casi sin pararse a respirar; sin embargo, hubo un par de años entremedio en los que su éxito distaba mucho de estar asegurado.

Aun así, Rob llevaba una vida feliz. Sus padres vivían a pocos kilómetros, en Barnes; tenía amigos, tenía su música y disfrutaba de la vida de un joven en la gran ciudad, con todas las posibilidades de diversión que ésta ofrecía. En aquella época no se sentía sometido a una gran presión, aunque su salto al estrellato estuviera cada vez más cerca.

Sin embargo, aún no había llegado. Su siguiente proyecto resultó francamente sorprendente. Aunque puede que sobre el papel pareciera apetecible en aquel momento por combinar varios temas de interés social (el embarazo adolescente, el alzhéimer, la búsqueda de la identidad y la tensión familiar), podría haber supuesto un serio revés en su carrera si los entendidos en la materia hubieran llegado a la conclusión de que, a pesar de haber florecido fugazmente en el papel de Cedric Diggory, Rob se veía ahora reducido a aparecer en bodrios de tal calibre. Al final, su carrera no se vio afectada, pero aquel trabajo le vino bien para comprender lo que era actuar en una chapuza absoluta. Y esta vez también él se llevaría algún que otro palo.

The bad mother's handbook, basada en una novela de Kate Long y dirigida por Robin Sheppard, era un drama para televisión. Karen Cooper (Catherine Tate) había sido madre de adolescente y está harta de su suerte. Para colmo de males, descubre que a) es adoptada y que b) su hija de diecisiete años, Charlotte (Holly Grainger), ha sido abandonada por su novio. La hija también está embarazada, y Karen teme que la historia se repita y que su hija se vea abocada, igual que ella, a llevar una vida insatisfactoria.

Entre tanto, la abuela (Anne Reid) padece alzhéimer y Karen debe intentar sobrellevarlo al tiempo que busca a su madre biológica. Charlie (como se conoce a la hija) se siente muy alejada de las otras dos mujeres de la familia y empieza a apoyarse en su nuevo amigo Daniel (Rob). Daniel es lo que educadamente llamaríamos un «inadaptado social» y, menos educadamente, un tarado. Cuesta reconocer a Rob con el pelo lacio (domado expresamente para la ocasión), gafas y una actitud notoriamente torpona.

Si poco se parecía al personaje de Cedric, menos aún se parecía al de Daniel, y es difícil imaginar qué pudo llevarlo a aceptar ese papel. Claro que lo mismo podría decirse de todos los que participaron en la película. *The bad mother's handbook* fue, sencillamente, uno de esos proyectos que se tuercen por completo. El argumento es en realidad mucho más largo y enrevesado de lo que se ha dicho aquí; a veces, resulta casi increíble. Pero, por lo menos, una cosa puede decirse: al final, Rob se llevaba a la chica.

El interés que despertó la película se centró en gran medida en Catherine Tate, actriz cómica conocida principalmente por el personaje de Lauren en el programa de televisión que lleva su nombre, y que, al igual que Rob, intentaba escapar de su encasillamiento. Catherine aparecía también por aquel entonces en la serie de televisión *Doctor Who*, en la que daba vida a Donna, la ayudante del doctor. La crítica la maltrató también a ella, tanto por haber elegido ese papel como por su modo de interpretarlo. Y aunque esta vez la película se emitió en un canal mayoritario y tuvo, por tanto, muchos más espectadores, aquello resultó ser un arma de doble filo.

Las críticas fueron, por decirlo sin rodeos, espantosas, aunque algunas reconocieran que el proyecto podía haber resultado interesante en un principio. «Algunas personas tienen todas las ventajas de este mundo —escribía Matt Baylis en el *Daily Express*—. Unos padres cariñosos. Un cuerpo sano y un hogar estable. Buena educación, belleza y amigos leales. Y sin embargo, se tuercen. Lo mismo podría decirse de ciertos dramas para televisión. Si *The bad mother's handbook* hubiera estado empaquetado y colocado en un estante del supermercado, yo lo habría echado en mi carrito. Prometía tanto… Tenía a Catherine Tate en su primer papel serio. Era la historia de tres generaciones de mujeres viviendo desapaciblemente bajo el mismo techo. Y sin embargo, pese a todas sus ventajas, resultó ser…, en fin, muy mala. Dos cosas la echaron a perder: los personajes secundarios y los diálogos.» Y lo mismo podría decirse de todo lo demás.

Kevin Maher, del *Times*, fue de la misma opinión, aunque en su caso señaló que el telefilme había querido tocar tantos temas que costaba tomárselo en serio: «Aunque no se ocupa del apocalipsis mundial, está excesivamente cargado de incidentes dramáticos», escribía Maher. «La protagonista, interpretada por la actriz cómica Catherine Tate (que aquí se pone seria, aunque no tanto), es un maestra suplente abrumada por las preocupaciones y dividida entre una madre con alzhéimer (Anne Reid) y una hija adolescente y obstinada (Holly Grainger) […]. La historia en sí misma parece prácticamente alérgica al remanso narrativo: en noventa minutos hay embarazos no deseados, adopciones, homicidios, agonías, nacimientos, amor, peleas y un desenlace ligeramente empalagoso.» Uf.

¿Fue más favorable John Preston, del *Sunday Telegraph*? No. Preston la resumió del siguiente modo: «*The bad mother's handbook* es un bodrio interpretado por Catherine Tate en el papel de una divorciada maltratada por la vida, con una madre senil y una hija muy borde». Luego añadía: «Tiene, además, un ex marido con un bigote postizo horrendo. El problema principal es que, en cuanto a registros, no tiene ni ton ni son. Buscando, por lo visto, la verosimilitud emocional, yerra el tiro y acaba decantándose por una mezcla pastosa de comedia superficial, melodrama y sentimentalismo».

Ally Ross, de *The Sun*, no se anduvo con tapujos. «Basura», escribió.

Las pocas veces que el nombre de Rob salía a relucir, las críticas no eran mucho mejores. En *The Independent*, Brian Viner lo describe en el papel de Daniel «como un jorobado sin joroba». Katie Toms, de *The Observer*, comentaba: «A Robert Pattinson se le va un poco la mano con el tartamudeo al hacer de Daniel, un bobo de pelo lacio». Había un par de comentarios más igual de poco halagüeños. En realidad, no era culpa de Rob. El telefilme recibió tantos palos y a tantos niveles que estaba claro desde el principio que sería un fracaso. Rob, sencillamente, se equivocó al elegir.

Fue ésta, por otra parte, la primera vez que se enfrentó al lado negativo de la profesión que había elegido, al convertirse en blanco de los ataques de la crítica. Siempre es desagradable que los críticos se ceben con uno, pero todos los artistas tienen que pasar por ello. Rob, por su parte, iba a tener que aprender a acorazarse. Esto iba a servirle además en otro sentido. Como se ha dicho ya en el primer capítulo, cuando se anunció que había sido el elegido para encarnar a Edward Cullen, los fans de la serie pusieron el grito en el cielo. Verse vapuleado por la crítica le sirvió como ensayo general para aguantar el vapuleo del público, a pesar de que, a largo plazo, ninguna de esas críticas perjudicaría su carrera.

Pero ¿qué iba a hacer después? Aquélla era una situación muy comprometida para una joven promesa. Tras su aparición estelar en el papel de Cedric Diggory, había cosechado críticas excelentes por un telefilme que nadie había visto y críticas espantosas por otro que (por desgracia) había visto mucha más gente. Al final todo salió bien, por supuesto, pero más de un actor en ciernes había visto estallar su futuro prometedor por culpa de un par de decisiones mal tomadas. Rob estuvo más cerca de lo que suele creer la gente de encontrarse en esa situación. Todo esto, sin embargo, sirve como indicativo de su falta de pretensiones, de su incapacidad para tomarse muy en serio, de su humildad y su sentido del humor. Rob era consciente de que todo aquello podía diluirse en cualquier momento. De hecho, ya parecía haberse disuelto.

Hubo, no obstante, un lado positivo. Al echar la vista atrás, Rob se dio cuenta de que ese periodo extraño, en el que pareció dar un par de pasos atrás, acabaría por beneficiarle. «Después de *Harry Potter*, estuve a punto de cargármelo todo —le dijo al *Daily Telegraph* en 2008—. Tuve la oportunidad de utilizar la atención mediática para afianzar mi carrera, pero la verdad es que no me apetecía hacer nada. Pensándolo mejor, creo que me vino bien. En primer lugar, porque así pude aprender a actuar. Podría haber hecho más películas de adolescentes, pero pensé: "¿para qué?". Ganar montones de dinero no es lo que más me interesa en esta vida.»

Lo cierto es, naturalmente, que poco después protagonizaría la película para adolescentes por antonomasia. Y en cuanto al dinero, iba de la mano del éxito. Después de *Crepúsculo*, Rob se encontraría en situación de no tener la obligación de volver a trabajar nunca más.

Sin embargo, aún no había acabado con *Harry Potter*. Volvió a asumir el papel de Cedric Diggory en *Harry Potter y la Orden del Fénix*, aunque sólo apareciera en *flashbacks* y escenas recordadas. La historia comienza poco después de la muerte de Cedric: tras un verano con los Dursley durante el cual su primo Dudley y él sufren el ataque de los dementores, Harry regresa a Hogwarts. La narración adquiere un tono cada vez más sombrío, y pronto se descubre que el Ministerio de Magia y gran parte de la comunidad hechicera se niegan a admitir que Voldemort haya vuelto. Por otro lado, decir que Voldemort mató a Cedric se ha convertido en delito. Su única esperanza es la Orden del Fénix, una sociedad secreta dedicada a combatir a Voldemort.

Pero Cornelius Fudge, el ministro de Magia, está convencido de que Dumbledore intenta servirse de las historias acerca del retorno de Voldemort para derrocarlo, y nombra nueva profesora de Defensa contra las Artes Oscuras a Dolores Umbridge, una bruja poco idónea para el puesto, pero de su confianza. Como resultado de ello, Harry y sus amigos crean el Ejército de Dumbledore con el propósito de aprender las habilidades prácticas necesarias para la lucha que los espera. La película acaba con una batalla entre el bien y el mal (en cuyo transcurso Harry se lleva un beso de Cho).

Aunque su papel en esta segunda película era mucho más pequeño que en la anterior, Rob seguía atrapado en la maquinaria de *Harry Potter*. Como fenómeno cinematográfico, la serie de películas poseía tal magnitud que cualquiera que hubiera participado en ella tenía la impresión de haber perdido el control sobre su vida, y así fue, desde luego, en el caso de Rob. En cierto modo, sentía que el tiempo que había invertido en *Harry Potter* lo había anquilosado. A fin de cuentas, sólo tenía que dejarse llevar: siempre había alguien que decidía por él.

«Duró mucho tiempo —diría después—. No tenía que decidir qué hacía, no tenía que hacer exámenes, ni nada. Parecía una opción muy sencilla.» Y tenía razón. Todo el mundo sabía que las películas tendrían un éxito enorme (después de lo sucedido con los libros, no podía ser de otro modo). Así que lo único que tenían que hacer los actores era aparecer y dejarse llevar por la corriente.

La experiencia lo había dejado agotado, como a todos sus compañeros de reparto. Es fácil olvidar que para Rob todo aquello era relativamente nuevo: seguía siendo muy joven (sólo llevaba cuatro años dedicándose profesionalmente a la actuación cuando se embarcó en *Crepúsculo*), y la magnitud de una superproducción como *Harry Potter* aún lo descolocaba. Por eso, entre otros motivos, le apetecía hacer películas independientes y de corta duración que no sólo ampliaban sus registros interpretativos, sino que exigían mucho menos tiempo que un gran éxito de taquilla.

«Al final, tenía la impresión de estar al borde del colapso», contó a la revista *Seven* acerca de la serie *Potter*. «Ahora quiero trabajar en un rodaje mucho más corto. Una producción de seis semanas que no me cueste asimilar. Una obra de teatro o algo así.» No era ésta la actitud más acertada para emprender la conquista de Hollywood, pero Rob estaba agotado y necesitaba un descanso.

Pese a las reflexiones que se haría más adelante, da la impresión de que durante este periodo Rob iba a la deriva, sin saber muy bien qué hacer a continuación. Se dedicó al cine independiente, rodó un par de películas que no verían la luz hasta después del estreno de *Crepúsculo*, y entonces parecieron aún más chocantes que en su momento. Pero el año siguiente (el año en el que se filmaron esas películas) sería el último periodo de normalidad que iba a vivir Rob. Porque el proyecto de rodar *Crepúsculo* y la elección de su protagonista empezaban a levantar revuelo.

Para Rob, la vida nunca volvería a ser como antes.

6

Ansias de cine independiente

*E*l año 2007 pasaba deprisa y Rob seguía relajado, saliendo por ahí con sus amigos del Soho, sin saber muy bien qué hacer. Había rodado dos telefilmes, uno ensalzado por la crítica y otro vapuleado por ella, pero no había sacado partido al éxito de *Harry Potter* y el interés por él se había difuminado. La locomotora Potter seguía su camino: la atención mediática se centraba ahora en la siguiente película de la serie, *Harry Potter y el príncipe mestizo*, y esta vez no había cameo ni *flashbacks* para Rob. Pero la necesidad de ponerse en marcha, de demostrar que seguía allí y que era un actor capaz, empezaba a ser cada vez más importante para él. Y así fue como volvió a la gran pantalla.

Antes de verse arrastrado por el fenómeno *Crepúsculo*, Rob participó en tres películas que, por ser muy distintas a la serie de los Cullen, permiten vislumbrar cómo podría haber sido su carrera si no le hubieran ofrecido el papel de Edward. Igual que podría haber acabado dedicándose al teatro si no hubiera perdido el trabajo en el Royal Court un par de años antes, Rob podría haber sido un actor poco conocido al que sólo llamaran para películas británicas de bajo presupuesto que nadie veía. Por suerte, no fue así.

Porque los siguientes trabajos a los que Rob vinculó su nombre no fueron colosales éxitos de taquilla del estilo de *Harry Potter*: fueron proyectos independientes, por los que parecía haber descubierto cierta predilección. Puede que esto se debiera al ambiente en el que se movía: el Soho, con su atmósfera bohemia, era más propicio a las películas con aspiraciones artísticas que a las grandes superproducciones. Para hacer una de estas últimas tendría que volver a Estados Unidos.

Su siguiente trabajo fue un cortometraje titulado *The summer house*, estrenado en Cannes en mayo de 2009 y cuyo tráiler puede verse en YouTube. Dirigido por Daisy Gili, fundadora de la London Film Academy, y escrita por Ian Beck, conocido principalmente por su novela *The secret history of Tom Trueheart, boy adventurer*, el corto presenta a Rob en el papel de Richard, un joven egocéntrico que le es infiel a su novia, Jane, a la que da vida Talulah Riley. Jane deja plantado a Richard y se marcha a Francia a pasar el verano. Él la sigue e intenta recuperarla. Curiosamente, dada la aversión de Rob a verse encasillado en papeles de niño bien, Richard era en gran medida el producto típico de un colegio privado británico, con su buena dosis de engreimiento, antipatía y hosquedad.

Posiblemente este proyecto, lo mismo que *The bad mother's handbook*, no estaba a la altura del talento de Rob. El suyo era, además (al igual que en aquélla), un personaje secundario. De hecho, si hubo cierto revuelo cuando fue designado para encarnar a Edward Cullen se debió en parte a que, a excepción de *The haunted airman* y *How to be* (de la cual hablaremos más adelante), Rob nunca había asumido un papel protagonista. Y por otro lado, tras interpretar al antipático personaje del corto, Edward no parecía el siguiente paso lógico.

El corto comienza en Francia, donde Jane se aloja en casa de su tía Priscilla (Anna Calder-Marshall). Ésta, viuda de un escritor, vive de los derechos de autor de su difunto marido. Es el verano de 1969, el año de la llegada del hombre a la Luna, lo cual tiene cierta relevancia en la historia. La película se rodó en un escenario privilegiado: el castillo de Douriez, cerca de Crécy-la-Chapelle, en el norte de Francia, y puede que este bellísimo telón de fondo sea uno de sus principales atractivos. En el hermoso *château* se encuentran también Freddie Porteous (interpretado por David Burke), que antaño mantuvo un idilio con Priscilla, y su elegante esposa, la francesa Marie Pierre, a la que da vida Marianne Borgo.

Se trataba de un drama cuyo eje principal era el estilo de vida y las comodidades de la clase media alta: no había en él, desde luego, ningún héroe de clase obrera. Según sus realizadores, iba dirigido al mismo tipo de público que había disfrutado con *Mi verano de amor*, el relato de amor lésbico adolescente que había lanzado a la fama a Emily Blunt, otra actriz británica que había triunfado en Hollywood.

Al arrancar la película, los protagonistas adultos coquetean los unos con los otros mientras la chica intenta sobreponerse de su decepción amorosa. Richard aparece en medio de esta extraña mezcla, decidido a recuperar a su novia. La ocasión de hacerlo se le presenta en una fiesta celebrada con motivo de la llegada del ser humano a la Luna: la glamurosa Marie Pierre hace de hada madrina de Jane, y convierte a esta nueva Cenicienta en una joven sofisticada que enciende aún más la pasión de Richard.

La noche en cuestión, Jane sale al jardín de la casa de verano que da título al cortometraje y allí se lleva una profunda desilusión. Encuentra a su tía y a Freddie actuando como adolescentes, mientras que Richard se porta como un bruto. Jane comprende entonces que no es, a fin de cuentas, tan ideal como creía. Quema las cartas sin abrir que él le había enviado y las arroja a un pozo.

Malhumorado y fogoso, en la película, Rob guarda un curioso parecido con el joven Mick Jagger. Su personaje es, desde luego, un individuo absolutamente egocéntrico: sólo se ha emparejado con Jane porque quiere una novia-trofeo, y sólo quiere recuperarla porque no soporta que le dejen plantado. Al no conseguir inmediatamente lo que quiere, se vuelve contra ella. Es, en resumen, un personaje sumamente antipático. Un personaje cuya elección por parte de Rob resulta un tanto chocante. Se trataba de un cortometraje independiente y de bajo presupuesto. No era, por tanto, lo que cabía esperar de él tras la locura desatada por *Harry Potter*, ni una elección acertada después de la debacle que había supuesto *The bad mother's handbook*. Pero al menos le sirvió para pasar una agradable temporada en Francia.

Irónicamente, *The summer house* es otro de esos proyectos que, si se recuerdan, es únicamente por la intervención de Rob. En la lista de reparto del cortometraje que incluye la página

83

web imdb.com (la principal fuente de información sobre cine en Internet), sólo figura la fotografía de uno de sus actores, y es la de Rob. Y en las numerosas páginas dedicadas a Rob que hay en la red, existe diversa información acerca de cómo conseguir el corto. Todos los proyectos en los que intervino Rob en esa época (trabajos que parecían de poca monta comparados con lo que podrían haberle ofrecido en Hollywood) han despertado, en retrospectiva, un enorme interés debido únicamente a la participación de uno de sus actores secundarios. En todos los casos, pues, la decisión de incluir a Rob en el reparto fue mucho más acertada de lo que creían los directores de *casting* en un principio.

No eran, sin embargo, trabajos relevantes, como tampoco lo sería el siguiente proyecto que le deparó la suerte. Provisto de otro corte de pelo abominable (unos mechones lacios que le caían en desorden alrededor de la cara), Rob tomó parte en otra película *indie*, *How to be*, escrita y dirigida por Oliver Irving, con Mike Pearce y Johnny White como coprotagonistas. Rob da vida a Art, un músico de veintitantos años que regresa a casa de sus padres tras ser abandonado por su novia. Es entonces cuando empiezan los problemas. Al principio de la película, Art recuerda cómo quemó su padre todos sus juguetes «mágicos» en el jardín cuando era pequeño, lo cual da una idea de la atmósfera de la cinta. A partir de ahí, el tono es cada vez más deprimente.

Art es músico (como Rob) y toca la guitarra, pero por más que lo intenta no consigue completar ninguna pieza. Le piden que deje su trabajo como voluntario en un centro municipal. Intenta crear una banda de rock con su amigo Ronny, pero como éste padece agorafobia y no puede salir, todo queda en nada.

La vida de Art no marcha como debe en ningún aspecto. Su relación con sus padres es malísima y no cambia por más que se esfuerce en mejorarla. Le suplica a su novia que vuelva con él, y ella no vuelve. Se trata de una «crisis del cuarto de siglo» en toda regla. Art lo resume diciendo: «Me siento infeliz todo el tiempo». (Y el espectador, a esas alturas, también.)

Las cosas mejoran por fin cuando Art lee *No es culpa tuya*, un libro escrito por un gurú de la autoayuda, el doctor Levi Ellington (Powell Jones), al que contrata y hace venir desde Canadá para que lo convierta en una persona más normal.

Era, en definitiva, otra película poco convencional. Se estrenó en el duodécimo Festival Internacional de Cine de Rhode Island, sin pena ni gloria: aunque todo el mundo estuvo de acuerdo en que la película estaba muy bien hecha, era demasiado tristona. Y a menudo al espectador le daban ganas de zarandear a Art y decirle que espabilara, lo cual era un verdadero problema. Es cierto que ningún actor podría haberse lucido en ese papel, dadas las circunstancias, pero en cualquier caso no puede decirse que Rob diera lo mejor de sí mismo al encarnarlo.

«Ver aparecer a Ellington en los sitios más inverosímiles (en el aseo de chicos de un colegio, por ejemplo) añade una pizca de sal a la película», decía el *Providence Journal*. «Pero aunque Pattinson interpreta muy bien a un hombre cuya vida va a la deriva, el personaje de Arthur es tan desesperante y patético que su parálisis puede llegar a exasperar al espectador.»

A pesar de que nunca podrá considerarse uno de sus mejores trabajos, puede que esta película fuera lo que convenció definitivamente a Rob de que quería dedicarse a la interpretación. En ella tocaba la guitarra y cantaba, y demostraba que era un músico consumado, de lo cual hablaremos más adelante. Pero aunque la música iba a seguir desempeñando un papel crucial en su vida, al final no podría competir con la actuación.

El director, Oliver Irving, pensaba que Rob era perfecto para el papel, y no sólo por sus capacidades musicales. Como sucedió en el *casting* para el personaje de Edward Cullen, sus cualidades excepcionales, que parecen brillar en la pantalla, lo hicieron destacar inmediatamente para el papel. «Pasamos más de un año haciendo pruebas, por temporadas», contó Irving a la página web Pattinson Music. «Tengo la impresión de haber visto a todos los actores jóvenes de Londres. Buscaba a alguien que se compenetrara bien con los actores a los que ya había elegido para hacer de amigos de Art. No eran actores profesionales, sino gente que había ido aprendiendo el oficio con los años, haciendo películas caseras, así que el actor que interpretara a Art no tenía que dar la impresión de haber ido a una escuela de arte dramático. Rob ha contado alguna vez que en aquel momento estaba pensando en abandonar la carrera de actor y dedicarse a la música porque no estaba satisfecho con los papeles que le ofrecían, pero yo supe enseguida que era perfecto para el papel. Tenía una especie de energía juguetona, de ingenuidad, incluso, que conseguía plasmar en su actuación, y parecía entender verdaderamente a los personajes.»

Ésa fue la primera vez que Rob trabajó como músico, además de actuar. Se sabe que la música es uno de sus principales intereses, y que ha pensado en dedicarse a ella profesionalmente. *How to be* marcó su debut musical en la gran pantalla, con algunas escenas memorables. «En una de las secuencias hay una especie de *jam session*; Ronny toca sus cosas electrónicas, Art le da a la guitarra con mucho sentimiento y Nikki canta cosas al azar —continuaba Oliver—. Fue muy divertida de rodar y muy penosa de ver.»

Joe Hastings, el compositor de la película, estaba de acuerdo con Irving. «En cierto modo, Rob hizo suya la música —contó—. Antes de que le dieran el papel, yo no estaba seguro de que hubiera algún actor capaz de dar autenticidad a los temas. Creo que Rob disfrutó sinceramente tocando mis canciones.»

Hastings se refirió también a los instrumentos que toca Rob en la película: «Tocaba una guitarra acústica vieja y hecha polvo, con las cuerdas de nailon, que Oliver se "agenció" en un colegio. Encontramos un trozo de cuerda en el estudio en el que rodábamos y pensamos que era la correa perfecta para la guitarra de Art. Para la secuencia final, elegimos adrede una guitarra muy vistosa, aunque ligeramente hortera, fabricada por Ovation. Era una de esas de fibra de vidrio, muy abombadas, que yo detesto; es la típica guitarra del nuevo rico.» Pero en la película quedó bien.

El personaje de Art es una especie de alma en pena: en parte desgarrado por la ira y en parte incapaz de superar sus miedos, y, en general desengañado del mundo. Rob conseguía dotarlo de hondura dramática, y la película cosechó críticas muy dispares cuando por fin salió en 2009 (no hubo estreno: la distribución se realizó a demanda).

«Rodeados por unas circunstancias familiares de lo más inusuales, desabridas, frías e imperdonables, los vanos intentos de Art por encontrar su lugar en el pequeño mundo que lo rodea resultan desoladores», opinaba el *Examiner*. «Digno casi de lágrimas, Art tiene que hacer frente a una lucha infinita y a una alineación que concitan la amargura y la conmiseración del espectador.»

Los críticos tampoco se anduvieron con rodeos respecto a quiénes iban a ver la película. Extrajeron de su exhibición conclusiones muy parecidas a las que cabía esperar de los trabajos que hizo Rob antes de dar su gran salto a la fama. «*How to be* empezó siendo una película británica independiente algo cursi que ganó un premio menor en el Festival de Cine de Slamdance de 2008, pero se convirtió en otra cosa cuando, de la noche a la mañana Pattinson se transformó en fenómeno mediático gracias a su papel en *Crepúsculo*, la supertaquillera película romántica de vampiros —escribía Geoff Berkshire en *Metromix*—. Por suerte para todos los implicados, sólo la verán los seguidores más acérrimos de Pattinson, felices de ver una película sencillamente porque su ídolo aparece en ella. Su interpretación es adecuada (nada del otro mundo, pero tampoco vergonzosa), y no viene mal, por otro lado, que el papel encaje perfectamente con la imagen de persona introvertida y torpe que Pattinson cultiva en los medios. Los fans que adoren a "RPattz" más aún que a Edward Cullen quedarán satisfechos. Pero serán los únicos.»

Podría decirse que ésta es una reseña algo atípica, pero lo cierto es que la película apenas mereció la atención de la crítica. La que firmaba Steve Rhodes en *Internet Reviews* era igualmente ácida: «[La película] está llena de un humor británico tan seco que parece cuarteado», escribía. «Pero si uno es un gran admirador de Robert Pattinson, sospecho que no quedará defraudado.»

Rob no dio lo mejor de sí mismo, pero otra vez salió airoso al enfrentarse a un nuevo reto. Y aunque las críticas no fueran deslumbrantes, la mayoría comentaba únicamente el film en su conjunto. Los comentarios acerca de Rob, aunque escasos, parecían concordar en que había hecho una interpretación aceptable, que sería valorada por sus fans y que no podía despreciarse sin incurrir en la injusticia. A raíz del éxito arrollador de *Crepúsculo*, los focos apuntaban constantemente hacia él. No es de extrañar, por tanto, que los críticos examinaran con lupa sus trabajos anteriores, y resulta tranquilizador que, pese a la atención creciente que recibía, a los comentaristas les fuera muy difícil tirar por los suelos su trabajo interpretativo.

Hubo una última película, rodada con anterioridad a *Crepúsculo* y estrenada después que ésta, que vendría a demostrar de una vez por todas que Rob era un actor decidido a dejar huella y empeñado en no ser conocido únicamente por su cara bonita. Se titulaba *Sin límites*. Si lo que Rob quería era demostrar que era algo más que un galán adolescente (lo cual habían dejado claro y de sobra sus peculiares trabajos anteriores), no podría haber elegido mejor. En la película encarnaba al pintor Salvador Dalí, provisto de su ridículo bigote, y, por si eso fuera poco, en versión gay.

Dalí fue uno de los grandes excéntricos del siglo XX. Este pintor surrealista español se hizo célebre por sus cuadros «oníricos», en los que, por ejemplo, los objetos sólidos parecen derretirse. Años después, sin embargo, sería más conocido por su amanerada apariencia (y especialmente por su extravagante bigote) que por cualquier otra cosa.

Little ashes [*Cenicitas*], el título original de la película, era en realidad el título de un cuadro de Dalí. Dirigida por Paul Morrison y escrita por Philippa Goslett, la cinta estaba ambientada en el Madrid de los años veinte. (Llama la atención que la gran mayoría de las películas de Rob hasta ese momento no estuvieran ambientadas en la actualidad.) La historia giraba en torno al trío compuesto por Dalí, el cineasta surrealista Luis Buñuel, interpretado por Matthew McNulty, y el dramaturgo y poeta Federico García Lorca, al que daba vida Javier Beltrán.

En el transcurso de la película, Dalí y Lorca intentan sin éxito entablar una relación amorosa, aunque los críticos se apresuraron a señalar que tal cosa jamás sucedió en la vida real. Se trataba de otra película independiente, con un presupuesto irrisorio de 1,4 millones de libras que seguramente no habrían bastado para cubrir ni los gastos de *catering* de *Harry Potter*.

Esta relación imaginaria tenía, sin embargo, cierto fundamento. En 1969 (el año en el que estaba ambientada *The summer house*), se publicó un librito titulado *Dalí desnudado*. Su autor, Alain Bosquet, era un poeta surrealista francés conocido de Dalí, cuyos recuerdos de la relación entre Lorca y el pintor servirían de base al nuevo film, puesto que apuntaban hacia este mismo asunto. Al relatar una de sus conversaciones con el pintor, Bosquet transcribe los comentarios de Dalí acerca de Lorca: «[Federico] era homosexual, como todo el mundo sabe, y estaba locamente enamorado de mí —decía Dalí—. Intentó follarme dos veces. [...] A mí me fastidió muchísimo, porque no era homosexual, ni me interesaba ceder. Así que no pasó nada. Pero me sentí terriblemente halagado, por su prestigio. En el fondo, yo sabía que era un gran poeta».

La autora del guion, Philippa Goslett, estaba convencida de que, en virtud de esas confesiones, tenía que haber al menos un vínculo emocional muy fuerte entre Lorca y Dalí. «Después de mucho investigar, está claro que algo sucedió, de eso no hay duda —declaró en *The Guardian*—. Cuando se leen sus cartas, resulta evidente que entre ellos había algo más. Empezó siendo una amistad que luego se hizo más íntima y pasó a lo físico, pero a Dalí le resultaba difícil y no pudo continuar. Y teniendo en cuenta sus muchas inhibiciones, no es de extrañar.»

En realidad, es irrelevante que haya o no cierta veracidad tras la historia que narra la película: ésta debe juzgarse por sus méritos cinematográficos. El problema es que, cuando los críticos se pusieron a ello, lo que vieron no les impresionó mucho.

En 1922, al iniciarse la película, Dalí tiene dieciocho años y acaba de llegar a Madrid. Allí se aloja en la Residencia de Estudiantes, un colegio mayor en el que coincide con Buñuel y Lorca. Más tarde describiría a Lorca como «el fenómeno poético hecho carne» y como la única persona de la que tuvo celos (por su talento, únicamente). Lorca era indudablemente homosexual, y, en esta versión de los acontecimientos, ambos artistas traban una amistad que posteriormente se convierte en idilio amoroso. A Dalí, sin embargo, le resulta imposible consumar

89

la relación y, a modo de compensación, Lorca se acuesta con una mujer en presencia de Dalí. *Harry Potter* no era, desde luego.

Goslett intentó explicar las reminiscencias de esa escena sexual entre Lorca y una mujer. «Lorca se acostó con una amiga de ambos, y Dalí afirmó que aquello era el sacrificio supremo», explicó la guionista. «Dalí lo vio todo, y ése fue el principio de su *voyeurismo*. Se construyó una máscara, y es con esa máscara con la que estamos familiarizados ahora. Para mí, Dalí es un personaje verdaderamente trágico. El recuerdo de Lorca lo atormentó toda su vida. Hablaba de él constantemente, más que de Gala, su esposa.»

Decir que, al hacer esta película, Rob se apartó de su camino sería decir poco, pero lo cierto es que fue una decisión mucho más sensata de lo que podía parecer en un principio. En aquel momento sabía ya que optaba a interpretar a otro colegial. Edward Cullen era muy distinto a Cedric Diggory, desde luego, pero ambos eran galanes adolescentes. Así pues, Rob sabía que era crucial demostrar que no sólo era un chico guapo y de pómulos prominentes. De ahí que escogiera ese papel tan extraño y complejo.

«No quería encasillarme en papeles de niño guapo de colegio privado, o sabía que acabaría siendo una especie de caricatura —contó en la revista *Evening Standard*—. Hacer de Dalí fue un verdadero punto de inflexión para mí. Fue el primer papel que me exigió un auténtico esfuerzo de reflexión. Durante el rodaje me obsesioné totalmente con Dalí, leí todas las biografías que pude conseguir. Era un hombre de lo más complejo y estrafalario, pero al final sentí que podía asimilarme a él.»

Leyendo entre líneas, sin embargo, cabe suponer que Rob acabó por arrepentirse de haber rodado aquella película, o al menos que llegó a la conclusión de que prefería dedicarse a grandes producciones, no a trabajos que la mayoría de la gente jamás se molestaría en ir a ver. En el momento de rodar *Sin límites*, estaba aprendiendo el oficio y a cómo ahondar en los personajes que interpretaba. Nadie sabía, como es lógico, que poco después se vería catapultado desde el práctico anonimato al estrellato mundial. De ahí que esta peculiar cinta independiente, estrenada con posterioridad a *Crepúsculo*, pareciera una elección muy extraña para alguien tan famoso como Rob.

Él mismo parecía pensarlo cuando, en cierto momento (haciendo gala de la misma falta de tacto que había demostrado al hablar del papel de Cedric por primera vez), afirmó que la película no era «nada» y añadió: «Ni siquiera hubo tráiler». Aquello sentó muy mal a los productores, que le exigieron que se explicara públicamente.

En la primavera de 2009, cuando la película se estrenó por fin en el Reino Unido, le recordaron este incidente en el curso de una entrevista con *The Guardian*. Rob tuvo un breve estallido de mal genio que seguramente tampoco hizo mucha gracia a sus jefes: «Odio tener que hacer esto, es una mierda —le dijo al sorprendido periodista—. Ya me han dicho que me disculpe por eso. Sólo intentaba decir que era una película muy pequeña. Tenía un presupuesto minúsculo. Lo que quería decir es que, si no hubiera surgido *Crepúsculo*, no sé cuánta publicidad habría recibido *Sin límites*. En un mundo ideal, todo el mundo iría a ver películas de arte y ensayo sobre Lorca y Dalí. Pero hay mucha gente que ni siquiera sabe quién era Lorca».

Es fácil suponer que la presión empezaba a hacer mella en él. Y en aquel momento la presión que soportaba era enorme. Había, además, otro problema: tras haberse convertido en un ídolo de adolescentes, Rob encarnaba en la película a un homosexual o, al menos, a un joven tentado por la idea de mantener una relación amorosa con otro hombre. Rob tenía que andarse con cuidado. No podía, por miedo a incurrir en la ira del *lobby* gay, dar muestras de estar preocupado por que sus jóvenes seguidoras lo vieran en una escena erótica homosexual (aunque, al final, ello no pareció disuadir a ninguna). Rob era muy consciente de que cualquier comentario levemente desencantado o desdeñoso podía malinterpretarse (y seguramente se malinterpretaría): «A la gente le encantan las cosas negativas: "¡No le gusta la película! ¡Es un homófobo!". Yo alucino».

Aunque era evidente que ni le disgustaba la película ni era homófobo, Rob seguía empeorando las cosas. En el momento de la entrevista, confesó que había visto *Sin límites* por primera vez hacía poco, aunque no le gustaba verse en pantalla. «Es

91

como autoflagelarse, así que ¿para qué? —explicó—. Además, no quería mearme en la tumba de nadie. Me costó ver la primera escena, en la que salgo con ese sombrerito tan raro». Se redimió, sin embargo, en todos los frentes con su siguiente comentario: «Me preocupaba verlas, pero la verdad es que las escenas de sexo entre Dalí y Lorca son las mejores».

Sus comentarios acerca de la película revelan un cambio notable de actitud respecto a años anteriores, y son un indicio de que Rob empezaba a sumergirse por entero en el mundo de los grandes éxitos de taquilla, la épica de Hollywood y toda la magia de las superproducciones para la gran pantalla. Apenas cuatro años antes, tras el rodaje de *Harry Potter*, parecía tener una opinión muy distinta de todo aquello. No hay película que supere en producción a las de Harry Potter, y Rob parecía casi harto de todo lo que había implicado su rodaje. Le gustaban los filmes de los años setenta, según declaró a la revista *Seven*, «cuando podía hacerse una película por casi nada. Una película no tiene por qué costar cien millones de dólares. Es una locura. Te dicen: "Vamos a llevarte a un país extranjero con todos los gastos cubiertos y luego, encima, te pagamos". Y tú dices: "¿Y eso por qué?". No sé muy bien qué es lo que quiero decir [...]. ¿No quiero que vuelvan a pagarme? ¿Odio el dinero? ¡Quiero hacer algo gratis!». Enseguida terció su relaciones públicas, que estaba presente: «No, no quiere».

En 2009, Rob ya había aprendido la lección. *Sin límites* salió en mayo de ese año, seis meses después del estreno de *Crepúsculo*. Hubo unanimidad de opiniones: Rob estaba mejor haciendo de vampiro.

«La película de Paul Morrison acerca de la amistad juvenil de Dalí, Lorca y Buñuel cae en la trampa común a casi todas las películas biográficas sobre artistas bohemios: todo el mundo profiere manifiestos en conserva y fuma cigarrillos haciendo muchos aspavientos», escribía Edward Porter en el *Times*. «Morrison adopta la absurda convención de hacer hablar a los actores en inglés con acento español. Aparte de eso, podrían estar paseando por Oxford con Sebastian Flyte [uno de los personajes de *Retorno a Brideshead*, de Evelyn Waugh] [...]. Los únicos espectadores en los que la película dejará huella son las jóvenes fans de Robert Pattinson, la deseada estrella de *Crepúsculo*. Para ellas, ver la histriónica actuación de su ídolo encarnando a Dalí será un curso intensivo de surrealismo.»

Xan Brooks, de *The Guardian*, era de la misma opinión. «Dalí está interpretado (con cierta indecisión) por Robert Pattinson, la estrella de *Crepúsculo*. El film de Paul Morrison se rodó, sin embargo, antes que ésta», comentaba. «Lo tardío de su estreno obedece, presumiblemente, a la idea, nada descabellada, de que gran número de fans adolescentes estarían dispuestas a tragarse una película histórica de bajo presupuesto pensando que en algún momento conseguirían ver a su ídolo en cueros.»

Pero también en eso corrían el riesgo de llevarse una desilusión. Cuando le dieron el papel de Edward, Rob entrenó de forma intensiva con un preparador personal durante varios meses, antes de que diera comienzo el rodaje. En *Sin límites*, abulta mucho menos.

Tim Robey, del *Daily Telegraph*, tampoco se mostró muy impresionado. «Robert Pattinson, el ídolo de *Crepúsculo*, se estrella, tras ponerse y quitarse una serie de peinados y conjuntos estrafalarios, en el papel del joven Salvador Dalí (al que interpreta con terrible densidad, muy al estilo de Christopher Walken), en este esquemático y despoblado drama biográfico que gira en torno a la supuesta semirrelación homosexual del pintor con Lorca (el mucho más carismático Javier Beltrán)», opinaba Robey. «Entre tanto, su amigo Buñuel (Matthew McNulty), homófobo al principio y legendario director después, los observa desde la banda con el ceño fruncido. El director, Paul Morrison (*Wondrous Oblivion*), hace lo que puede con el presupuesto, pero todo canta hasta tal punto a un *Brideshead* hecho por aficionados que resulta inverosímil.»

Algunas reseñas, un poco más amables, ponían de manifiesto que Rob demostraba tener agallas por haber aceptado el papel. Pero predecían también que serían las seguidoras de *Crepúsculo* las únicas que llenarían las salas para ver la película, por muy distinta que fuera de aquélla. «*Sin límites*, una mirada a la juventud del pintor Salvador Dalí, es una película independiente llena de traseros al aire, desnudos integrales y pasión homosexual. Casi puede uno oír a la legión de admiradoras de Pattinson llorando encima de sus palomitas», escribía David Edwards en el *Daily Mirror*. «Un diez para Pattinson por intentar algo completamente distinto. Y porque hace un trabajo decente, aunque el conjunto resulte intragable.»

Matthew Turner se muestra también algo más generoso en viewlondon.co.uk: «El film está muy bellamente filmado de principio a fin, gracias a la exuberante fotografía de Adam Suschistzky y a un diseño de producción impecable. Las interpretaciones son también excelentes y hay una fuerte química entre Pattinson y Beltrán, cuyo primer beso sorprende por su romanticismo».

Uno de los problemas era que, de nuevo, a Rob le fallaba su pelo, que llevaba peinado hacia atrás y aplastado en un intento de domeñarlo. De hecho, puede decirse que su peinado tendía a reflejar la calidad de la película en la que estaba trabajando: cuando lo llevaba frondoso y exuberante, la película lo era también (*Harry Potter, Crepúsculo*), y cuando lo llevaba hecho un desastre, también lo era la cinta en la que aparecía (*The bad mother's handbook*).

En el caso de *Sin límites*, el bigote empeoraba más aún su aspecto. El de Salvador Dalí fue uno de los bigotes más célebres del siglo XX, y en la película Rob lucía una aproximación al original. No le favorecía, desde luego; muy al contrario. Como señaló Kurt Loder, de la MTV con precisión implacable, «en cuanto Pattinson aparece con el famoso bigote en puntas de Dalí pegado a la cara, la película se desmorona». Y así era, en efecto.

En conjunto, las incursiones de Rob en el cine independiente habían sido decepcionantes. Aunque la libertad que le permitían proyectos como *How to be* le había hecho valorar el oficio de actor y las posibilidades que éste le ofrecía para ejercitar su otra pasión (la música), con la posible salvedad de *The haunted airman*, no había encontrado ningún film que le hiciera justicia.

Echando la vista atrás, sin embargo, puede afirmarse que fue una suerte que pasara por ese periodo en el momento en que lo hizo. A fin de cuentas, tenía relativamente poco que perder. Si después de encarnar a Edward Cullen hubiera tomado las mismas decisiones, habría causado estupor en la industria del cine. Tal y como fueron las cosas, cuando esas películas menores salieron a la luz, siendo ya famoso, se entendió hasta cierto punto que hubiera querido probar suerte en ellas.

Rob no trabajaba constantemente, por supuesto. También tenía tiempo para la diversión. Pero, según él mismo ha reconocido, no salía con nadie. Siendo un actor tan deseado, sorprende que haya pasado largas temporadas sin pareja. De hecho, él mismo afirmaría más adelante que, durante esta época, cada vez que pedía a una chica que saliera con él, ella le decía que no. (Después de saltar a la fama, se quejaría exactamente de lo contrario: al parecer, le resultaba imposible salir con nadie debido al escrutinio al que estaba sometido, aunque ello, desde luego, no atajaba los rumores que lo emparejaban constantemente con una u otra mujer.) Por lo que él mismo ha contado, parece que en esta época las chicas no le hacían caso. Unos meses después, las que lograban acercarse a él prácticamente lo hacían pedazos.

La vida de Rob estaba a punto de cambiar radicalmente. No tenía pareja, ni razón concreta para quedarse en Londres si no quería, y estaba ya casi seguro de que quería dedicarse a la actuación, no a la música. ¿Qué hacer a continuación? Contaba ya con la equipamiento completa de un actor profesional; incluso tenía representantes a ambos lados del Atlántico: Sarah Spear y Grace Clissold, de la prestigiosa agencia Curtis Brown, en el Reino Unido, y Stephanie Ritz, de la agencia Endeavor, en Estados Unidos.

En el otoño de 2007, mientras se dedicaba al cine independiente sin saber muy bien qué camino tomar, más centrado en salir por el Soho que en cualquier otra cosa, su representante norteamericana oyó hablar de un papel que saldría al año siguiente. Era el personaje protagonista de la primera entrega de *Crepúsculo*, y se sabía ya que el actor que se hiciera con ese papel se convertiría en una gran estrella.

Los productores no habían decidido aún quién sería el afortunado, y Stephanie Ritz creía tener en sus *books* a alguien que podía encajar perfectamente en el papel. Su idea, pese a ser

95

sensacional, planteaba varios problemas, a saber: el actor en cuestión no era norteamericano y (olvidadas ya las películas de *Harry Potter* y con sólo un par de trabajos menores en su haber) nadie había oído hablar de él.

Nadie se mostró más escéptico que el propio Rob cuando Stephanie le propuso la idea. Pero ella tenía plena fe en su cliente. ¿Sería cierto? ¿Podía estar Rob a punto de conseguir el papel de su vida?

Robert Pattinson
de pequeño.

Jugando con su hermana: ese día, el tobogán
parecía más interesante que «Claudia».

De paseo con Clare, su madre.

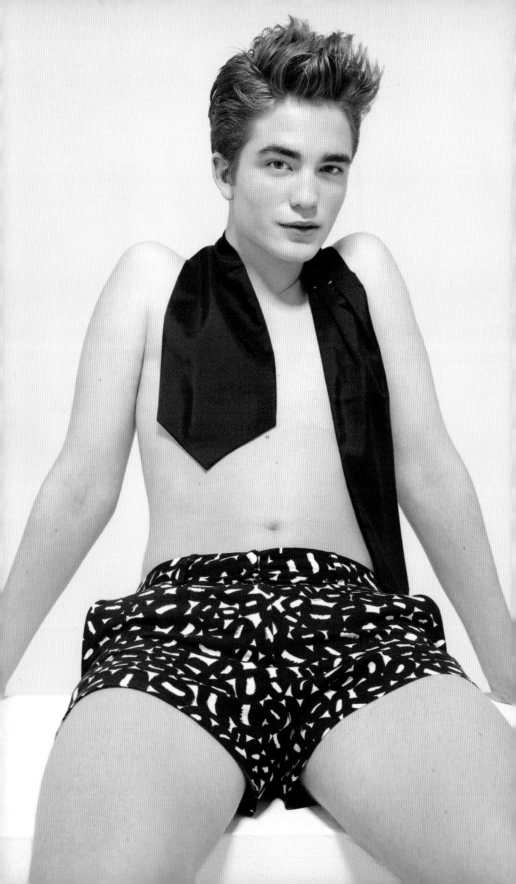

El gran vikingo: caracterizado como
Giselher para *El reino del anillo*.

Página anterior:
Rob en sus tiempos de modelo.

De colegial
a colegial: Rob
en Tower House
(arriba), y en
el papel de Cedric
Diggory, en *Harry
Potter y el cáliz de
fuego* (izquierda).

El de Cedric fue su primer papel en una película importante. Aquí, en el rodaje, junto al director, Mike Newell.

Posando con los protagonistas de *El cáliz de fuego*. De izquierda a derecha: (detrás) Kattie Leung, Stanislav Ianevski, Clemence Poesy, Rob; (delante) Rupert Grint, Daniel Radcliffe y Emma Watson.

El diablo rojo: Rob llega con porte de auténtica estrella al estreno de *Harry Potter*.

En *The bad mother's handbook,* con un peinado muy poco favorecedor.

En la película independiente *How to be,* en la que demuestra sus dotes musicales interpretando tres canciones.

Retrato del artista: como Salvador Dalí en *Sin límites.*

Agárrense fuerte: la montaña rusa de *Crepúsculo* arranca en la Comic-Con de 2008. El reparto, de izquierda a derecha: Edi Gathegi, Cam Gigandet, Rob, Kristen Stewart, Taylor Lautner y Rachelle Lefevre.

Una estrella en ascenso: Rob en el Festival de Cine de Hollywood con la actriz Camilla Belle, sosteniendo el prestigioso premio Nuevo Hollywood.

Derecha y página siguiente: Rob y Kristen presentan *Crepúsculo* en el Festival Internacional de Cine de Roma.

7

Cae el *Crepúsculo*

*L*a industria editorial no había visto nunca nada parecido; al menos, desde el éxito de *Harry Potter*. En 2008, una serie de libros acerca de un vampiro que se enamora de una chica humana había vendido más de veintidós millones de ejemplares. En un solo año. La primera novela del cuarteto, *Crepúsculo*, había sido el libro más vendido de los doce meses anteriores. A mediados de 2009, la serie completa, que gira en torno a la pareja y a su amor prohibido, había vendido más de cuarenta y dos millones de ejemplares en todo el mundo, se había traducido a treinta y siete idiomas y había inspirado una película y otra que estaba en camino.

No había duda de que la serie de *Crepúsculo* era un auténtico fenómeno. Stephenie Meyer, la autora de las novelas, ha contado que la inspiración le llegó en un sueño: el 2 de junio de 2003, para ser exactos. Ese día, se quedó dormida y soñó con un vampiro que amaba a una chica humana y al mismo tiempo ansiaba su sangre. El sueño fue tan vívido que, a pesar de no haber publicado nunca un libro, Stephenie puso sus impresiones por escrito (éste sería el germen del capítulo trece de la primera novela, la escena de Bella y Edward en el prado) y escribió luego un relato completo basándose en lo que había imaginado.

«Sabía ya que él era un vampiro y que era bello y deslumbrante, y que ella era bastante corriente y que miraba con embeleso a aquella criatura —contó en el *Times*—. Él le explicaba lo difícil que le resultaba no matarla y a ella le asombraba que él quisiera estar a su lado, aunque su vida corriera peligro.»

Stephenie no pudo quitarse de la cabeza aquel extraño sueño y ese mismo día empezó a escribir: «¿Qué pasaría después? ¿La mataría él o encontrarían una solución? Estuve dándole vueltas hasta que tuve que ponerme a hacer el desayuno. Fue el sueño lo que me movilizó. Ese día me divertí mucho. Sólo había escrito diez páginas. No pensaba convertirlo en un libro, sólo quería ver qué pasaba después. Sé cuándo empecé a escribir porque lo tengo apuntado en el calendario. Ese día yo empezaba mi dieta de verano y mis hijos sus clases de natación».

Tres meses después, había completado el manuscrito. Las cosas evolucionaron deprisa: Stephenie firmó un contrato para tres libros con Little, Brown and Company por 750.000 dólares, y el primer libro se publicó en 2005, el mismo año en que Rob hizo su debut en *Harry Potter*.

Stephenie (un poco como J. K. Rowling, que no destacó hasta convertirse en una autora superventas) pasó de ser una persona corriente a ser una estrella literaria de la noche a la mañana. Nacida del 24 de septiembre de 1973 en Hartford, Connecticut, hija de Stephen y Candy Morgan, Stephenie se crio en Phoenix, Arizona, en el seno de la Iglesia de Jesucristo de los Santos de los Últimos Días, más comúnmente conocida como iglesia mormona.

Su padre, Stephen, trabajaba como director financiero de una empresa de contratación. La suya fue una infancia típica de clase media. Tenía cinco hermanos: Seth, Emily, Jacob, Paul y Heidi (los seguidores de *Crepúsculo* reconocerán los nombres de varios personajes de las novelas en esa lista), y estudió Filología Inglesa en la Bringham Young University, en Provo, Utah.

Stephenie conoció a Christopher Meyer (al que siempre han llamado Pancho) siendo aún muy joven y se casó con él en 1995, a los veintiún años. Antes de dar a luz la serie literaria que ha hechizado al mundo entero, tuvo hijos de carne y hueso: Gabe, Seth y Eli. Era un ama de casa mormona perfectamente corriente hasta que *Crepúsculo* cambió su vida.

Stephenie sigue siendo una mormona practicante: no bebe alcohol ni ve películas para adultos, y sus creencias son esenciales a la hora de entender sus libros. «Tenemos libre albedrío, lo cual es un don inmenso de Dios —explicó en una entrevista concedida al *New York Times* en abril de 2008—. Si lo atas con algo como, no sé, la cocaína, dejas de tener libertad.» Esto puede aplicarse directamente a Edward y al resto de los Cullen: aunque desean la sangre humana, han tomado la decisión moral de no beberla y de saciarse, en cambio, sirviéndose de animales.

Esto es especialmente cierto en el caso de Edward, claro está. Aunque él se considera un monstruo, el lector sabe que es bueno y lo ve debatirse constantemente entre sus deseos y sus convicciones. «Creo que ésa es la metáfora subyacente en el caso de mis vampiros —continuaba Stephenie—. No importa qué suerte te haya tocado en la vida, o qué es lo que creas que tienes que hacer; siempre puedes elegir otra cosa. Siempre hay otro camino.»

Los personajes de *Crepúsculo* no son mormones, claro está, pero comparten con éstos ciertos preceptos que rigen sus vidas. Muchos adolescentes fuman y beben; los de *Crepúsculo* no. Tampoco hay sexo, en parte porque Edward teme dejarse llevar y matar accidentalmente a Bella, en lugar de hacerle el amor (y en este impulso cargado de turbiedad, en la posibilidad de dejarse dominar por una pasión incontrolable, reside el germen de todo gran héroe romántico), y en parte porque el deseo frustrado es siempre más erótico y atrayente que la lascivia saciada.

Y, además, la autora no lo aprobaría. «Me presionaron un poco para que pusiera una gran escena de sexo —contó Stephenie en el *New York Times*—. Pero sexo explícito hay por todas partes. Es más difícil encontrar una historia romántica en la que se limiten a cogerse de la mano. Yo fui muy inocente para esas cosas. Cuando tenía dieciséis años, cogerse de la mano era la bomba.»

Y luego está Bella, claro, el otro personaje principal de las novelas. Se trata de un personaje principal un tanto inusual porque no destaca entre la multitud: todo en ella es corriente, del mismo modo que todo en los Cullen es extraordinario. Ésa es, según la propia autora, una de las claves del éxito de los libros.

«No imaginaba que los libros pudieran atraer a un público tan amplio —contó Stephenie en *Entertainment Weekly*—. Creo que es en parte porque Bella es una chica del montón. No es una heroína, ni sabe distinguir entre un modelo de Prada y cualquier otra cosa. No siempre tiene que estar estupenda ni ir vestida a la última moda. Es normal. Y en la literatura no hay muchas chicas normales. Otra cosa es que sea además una buena chica, que es como yo me imagino a los adolescentes, porque así fueron mis años de adolescencia.» Su educación mormona, pues, nunca anda muy lejos.

Otro de los aspectos en los que las creencias de Stephenie han conformado su escritura se refiere a la noción del alma. Bella va dándose cuenta poco a poco de que el único modo de que Edward y ella puedan estar juntos eternamente (y seguir siendo de la misma edad) es que ella también se convierta en vampiro, pero Edward se opone a ello porque cree que destruiría su alma. En ningún momento se aclara que esto sea así, pero es lo que él cree, y es otra decisión moral que ha de tomar. Quiere pasar la eternidad con Bella, y podría hacerlo, pero si cediera a ese deseo, destruiría algo dentro de ella, o eso cree él. Por algo el suyo es el ejemplo supremo de amor prohibido.

Todas estas implicaciones religiosas se manifestaron en la portada de *Crepúsculo*, ilustrada con la fotografía de una manzana: el fruto prohibido, por ser el que se asocia con la tentación que Eva ofreció a Adán en el jardín del Edén. Éstos son temas bastante adultos para libros que, supuestamente, van dirigidos a personas muy jóvenes. Eso por no hablar, claro está, de su obsesión por la pujante sexualidad adolescente, tan al estilo de *Harry Potter*. El hecho de que quizá demos demasiada importancia a los torpes tanteos de Ron en la serie de J. K. Rowling y muy poca a los de Edward en *Crepúsculo* demuestra que, en muchos casos, menos es más.

La propia Stephenie se confiesa sorprendida porque se hable tanto de su religión. De hecho, la fe mormona sigue siendo minoritaria; la practica poca gente y los que la profesan viven en su inmensa mayoría en Estados Unidos, de modo que en realidad no es de extrañar que se convierta en tema de conversación. Seguramente, antes que Stephenie, el mormón más famoso fuera el cantante y actor Donny Osmond. A ella, sin embargo, sigue chocándole: «Me hace gracia que siga hablándose de eso, porque cuando salió el libro de Jon Stewart, no se oía decir "Jon Stewart, el escritor judío" —contó en *USA Today*—. Imagino que ser mormón sigue siendo una curiosidad y que por eso la gente piensa que hay algo que contar al respecto. A mí, obviamente, me parece supernormal. Sólo es mi religión».

Los libros, y más recientemente las películas, han sido comparados a menudo con los de *Harry Potter*: ambas series están protagonizadas por adolescentes que luchan contra el mal, incluyen elementos sobrenaturales y presentan un mundo extraño y oculto que discurre delante de las narices de los simples mortales (eso por no mencionar que el mismo actor, Rob, aparece en ambas series cinematográficas). Hay también todo tipo de paralelismos entre ellas; por ejemplo, lo que les sucedió a sus creadoras, convertidas ambas en superestrellas.

Al igual que le pasó a J. K. Rowling, a medida que aumentaba el éxito de los libros Stephenie comenzó a verse acosada en sus apariciones públicas. Las entradas para sus lecturas se vendían de la noche a la mañana. Fue casi simbólico que en el momento de su publicación, en 2007, *Eclipse*, la tercera entrega de la serie, desbancara a *Harry Potter y las reliquias de la muerte* en el número uno de las listas de los libros más vendidos. Fue como si se pasaran una a otra el testigo. Stephenie, como es lógico, acogía con cautela la comparación: «Nunca habrá otra J. K. Rowling —declaró a *USA Today*—. Yo me contento con ser Stephenie Meyer. Para mí, basta con eso». En efecto, sus ventas no han igualado aún a las de su predecesora, pero Stephenie sólo ha sacado cinco libros, mientras que la serie de J. K. Rowling se compone de siete. La carrera aún no ha terminado.

Crepúsculo, la novela con la que comenzó todo, apareció en 2005. Lo que sigue puede desvelar su argumento y el de las siguientes. El libro presenta a Isabella (Bella) Swan, una chica que, como Stephenie, vive en Phoenix, Arizona, una ciudad bañada por el sol. Cuando Renée, su madre, vuelve a casarse (los padres de Bella están divorciados), ella, por sentido del deber, se marcha a vivir con su padre, Charlie, a Forks (Washington), un pueblo que nunca le ha gustado por su falta de sol y sus lluvias constantes. (Stephenie no había visitado nunca Forks cuando escribió el libro: para encontrar el escenario de la novela, buscó en Google datos sobre las precipitaciones anuales en territorio estadounidense.)

Bella se matricula en el instituto del pueblo y uno de sus primeros días de clase se descubre sentada junto a Edward, un chico increíblemente guapo, perteneciente a la familia Cullen. Son cinco adolescentes, hijos adoptivos de un médico del hospital local y de su esposa, ambos extraordinariamente atractivos. Los Cullen destacan entre todos los demás chicos del colegio, en parte por su asombrosa belleza y en parte por ser muy distantes. Pero con Bella, Edward se muestra algo más que distante: parece sentir repulsión por ella (Bella incluso le sorprende pidiendo que lo cambien de clase para no tener que sentarse a su lado). Los otros chicos se comportan de forma muy distinta: por primera vez en su vida, Bella es objeto de constantes atenciones masculinas. Sólo Edward parece inmune a ella, aunque comienza a dar muestras de estar más relajado.

Su relación cambia completamente un buen día, cuando Bella está en el aparcamiento del instituto. La camioneta de uno de los alumnos derrapa y se dirige hacia ella, fuera de control, y aunque Bella ve claramente a Edward al otro lado del aparcamiento, éste aparece a su lado al instante, inexplicablemente, y la aparta del peligro. Y lo que es aún más sorprendente: consigue detener la camioneta con su fuerza. Bella comprende entonces que Edward, al igual que el resto de los Cullen, no es lo que parece.

Comienza a llegar al fondo del misterio tras visitar la reserva india que hay a las afueras de pueblo y hablar con Jacob Black, viejo amigo de su familia y otro de los personajes principales de la historia. Jacob le cuenta antiguas leyendas relativas a un grupo de personas, enemigos ancestrales de su tribu. Deja entrever que esas personas son los Cullen y que sus antepasados hicieron un pacto con ellos: ninguno de los dos grupos se internaría en territorio del otro (los propios indios tienen también sus secretos atávicos). Pero para entonces Bella ha deducido ya la verdad: los Cullen son vampiros.

Descubre que tiene razón a medida que evoluciona su relación con Edward. Comprende, además, que si él se mostró hostil al principio se debió a que ansiaba su sangre más que la de cualquier otro ser humano que hubiera conocido antes, y que luego, paradójicamente, se había enamorado de ella. Temiendo dejarse dominar por sus bajos instintos y hacerle daño, Edward intenta guardar las distancias. Al final, naturalmente, no puede mantenerse alejado de Bella. El vínculo entre ellos se vuelve cada vez más intenso, a pesar de que el contacto físico es mínimo, porque, cada vez que intentan abrazarse, Edward teme que su sed de sangre se desboque.

Bella descubre que los vampiros no comen ni duermen, y que tienen la piel fría como el granito. Descubre también por qué han decidido vivir en Forks, un lugar tan gris y lluvioso: los vampiros no se desintegran cuando les da la luz del sol, como cuenta la leyenda, sino que resplandecen: tanto que les resulta imposible mantenerse ocultos a las miradas curiosas de los humanos. Los Cullen evitan consumir sangre humana. Cazan, en cambio, animales a los que persiguen a pie, gracias a que pueden correr a gran velocidad. Bella descubre asimismo cuál es el «superpoder» de Edward: sabe leer el pensamiento, aunque, curiosamente, no puede leer el suyo.

Presentada al resto de los Cullen, que ya saben que conoce su secreto, Bella acompaña a la familia a jugar al béisbol al corazón del bosque, y es allí donde se precipita la tragedia. Aparece otro grupo de vampiros que, tras acercarse para preguntar si pueden unirse al juego, perciben que hay una humana entre ellos. «¿Habéis traído un aperitivo?», pregunta Laurent, uno de ellos.

Los Cullen pueden proteger a Bella al principio, pero pronto se hace evidente que James, otro de los vampiros, se ha propuesto darle caza. Intentando distraer a James, los Cullen se dividen en dos grupos. Jasper y la dulce Alice Cullen (que puede ver el futuro, aunque no siempre con precisión, lo cual causará ciertos problemas) se llevan a Bella a Phoenix para esconderla. Allí, Bella recibe una llamada de James en la que le dice que tiene prisionera a su madre. Aunque sabe que le costará la vida, Bella acude a encontrarse con él para salvar a Renée.

Cuando llega a la escuela de ballet donde han acordado verse, descubre que James la ha engañado: no tiene a Reneé, y aquella aventura sólo dará como resultado su muerte. James la ataca, pero en el último momento aparecen los Cullen, que lo apartan de ella y consiguen matarlo. Entonces se dan cuenta de que James la ha mordido, y Edward le chupa el veneno del vampiro antes de que se convierta en uno de sus semejantes.

Después de pasar un día en el hospital, Bella regresa a Forks, donde comienza a asimilar ciertas verdades incómodas. Comprende por fin que Edward siempre parecerá tener diecisiete años, a pesar de tener 108. A diferencia de ella, nunca envejecerá. Así pues, sólo tendrán una edad parecida durante un corto espacio de tiempo. Comprende asimismo que el único modo de que estén juntos para siempre es que ella también se convierta en vampiro. En el baile de fin de curso, le pide a Edward que la muerda. Pero él se niega.

El personaje de Edward iba a ser, para cualquier actor, el papel de su vida, eso estaba claro. Lo más difícil de encarar no serían las proezas físicas que tendría que realizar (en estos tiempos, los efectos especiales pueden lograr casi lo imposible), sino la intensa carga emocional del libro y sus continuaciones. Edward siente una enorme repulsión hacia sí mismo, lo cual requiere una interpretación llena de matices, puesto que, en realidad, el personaje no tiene nada que reprocharse. En los libros, dentro de la historia, Edward cree no tener alma; fuera de ella, a ojos del lector, es un personaje enormemente atractivo. Plasmar eso suponía una tarea ingente.

Luego está la sensación constante de deseo insatisfecho que impregna toda la obra: nuevamente, un enorme reto interpretativo. Edward no era un personaje al que pudiera dar vida un actor de acción al uso (Arnold Schwarzenneger de joven, por ejemplo, seguramente no le habría hecho justicia), sino uno capaz de conferirle un matiz de anhelo, de búsqueda de lo inalcanzable, y capaz de comunicar eso mismo en pantalla, a menudo con diálogos muy escasos. Esto mismo puede decirse de Bella, de ahí que, a la hora de hacer el *casting*, la química entre los dos actores principales se considerara un factor prioritario.

El físico (del que tanto iba a oír hablar Rob tras conseguir el papel) también tenía su importancia. Edward no sólo era un personaje torturado e introspectivo, también era físicamente perfecto, lo cual planteaba otro dilema a los productores de la película. Muchos actores jóvenes y atractivos son demasiado conscientes de su belleza y transmiten, por ello, cierto envanecimiento que habría desentonado con Edward. Rob, en cambio, pese a haber sido modelo, da siempre la impresión de suspirar con resignación cuando se mira al espejo. Su modestia resultaría crucial a la hora de interpretar a Edward.

Pero cuando se publicó *Crepúsculo*, la novela, todo eso quedaba aún muy lejos. Desde su arranque, el libro causó sensación y su autora, lo mismo que la de *Harry Potter*, pasó de ser una perfecta desconocida a hacerse famosa de la noche a la mañana. Los vampiros siempre han tenido atractivo erótico, puesto que matan a sus víctimas mordiéndolas en el cuello, pero Edward resultaba aún más atractivo por su naturaleza bondadosa y por su empeño de luchar consigo mismo para salvaguardar a su amada.

A ello hay que añadir otro ingrediente: el amor absoluto. Mucho se ha dicho sobre la obsesión de Bella con Edward (algunas escritoras desaprueban a los personajes femeninos que aman demasiado a sus hombres), pero está absolutamente claro que él está igual de obsesionado con ella. Y el hecho de que el suyo sea un amor prohibido aumenta más aún su atractivo: ¿se unirá alguna vez esta pareja?

La novela obtuvo, en general, críticas excelentes. En palabras del *Times*, lograba plasmar «perfectamente la sensación de alineación y tensión sexual adolescentes». Según Amazon.com, era «hondamente romántica y cargada de suspense». *Publishers Weekly* hacía hincapié en cómo la historia de amor ilustra impecablemente la frustración sexual que acompaña a la adolescencia. Y hasta las reseñas menos positivas reconocían, a grandes rasgos, que el libro contenía elementos que impulsaban a leerlo de un tirón.

«Tiene algunos defectos (un argumento al que podría haberse dado más tensión, una dependencia excesiva de adjetivos y adverbios para reforzar los diálogos), pero esta turbia historia de amor cala muy hondo», se decía en *Booklist*. La reseña

105

más negativa era la de *Kirkus*, y hasta ésta reconocía que no se trataba de una novela romántica adolescente cualquiera: «[*Crepúsculo*] está muy lejos de ser perfecta: el retrato de Edward como un monstruoso héroe romántico es excesivamente *byroniano*, y el atractivo de Bella se fundamenta más en la magia que en el propio personaje», afirmaba la crítica. «Con todo, la representación del amor peligroso da en el clavo; a los aficionados a la novela romántica con componentes tenebrosos les resultará irresistible.»

El libro no encantó únicamente a la crítica: también entusiasmó a los lectores, que corrieron en tromba a comprar este extraño y novedoso relato de pasión y amor frustrado. La novela comenzó a ganar premios muy pronto: el *New York Times* la nombró «Recomendación del editor», *Publishers Weekly* la incluyó en su lista de los libros juveniles más destacados (a pesar de que, en realidad, en ella hay casi tantos para adultos como para adolescentes), y apareció en la lista de los diez mejores libros para jóvenes y en la de los diez mejores libros para lectores reticentes de la American Library Association. Nadie dudaba de que los editores tenían entre manos un éxito rotundo.

Comenzaron las comparaciones con J. K. Rowling, y Stephenie, muy sabiamente, las aceptó con agrado y reconoció, al mismo tiempo, la deuda que tenía contraída con la autora de Harry Potter.

«La admiro mucho —contó al *Times*—. La admiramos todos los que escribimos para jóvenes, sobre todo los que escribimos libros extensos. Si no fuera por ella, nuestras novelas no habrían tenido nada que hacer. La gente no ponía una novela juvenil de ochocientas páginas en la estantería porque ningún chaval iba a leerla. Ahora todo el mundo sabe que a los adolescentes les encantan los libros extensos, sólo hay que hacérselos interesantes. Todo el mundo está buscando a la próxima J. K. Rowling. Pero eso es imposible. Ella era, y es, irrepetible.» Stephenie, sin embargo, le andaba muy cerca.

El siguiente libro de la serie apareció en 2006. Se titulaba *Luna nueva*, en referencia a la fase más oscura del ciclo lunar, como metáfora de la fase más oscura en la vida de Bella. Arranca en el momento en que ésta comprende que, a diferencia de Edward, ella se hará vieja: se ve en sueños convertida en una anciana, con Edward a su lado, todavía enamorado y todavía con diecisiete años. Es, para colmo, su cumpleaños: cumple dieciocho, uno más que él.

Los Cullen le han preparado una fiesta de cumpleaños que empieza a torcerse casi desde el principio. Al abrir los regalos, Bella se corta con un papel; una gota de sangre aparece en su dedo y Jasper entra en una especie de frenesí. La ataca y, cuando interviene Edward, Bella cae sobre una mesa de cristal y se corta aún más. Sólo Carlisle Cullen, el padre (a quien su trabajo como médico de hospital ha dotado de un poder de autocontrol casi sobrenatural en presencia de sangre) consigue sobreponerse. Venda a Bella y la lleva a casa sana y salva.

El incidente, sin embargo, hace comprender a Edward que el mero hecho de estar en compañía de los Cullen pone a Bella en un peligro terrible, de modo que, en un supremo acto de sacrificio, le dice que ya no la quiere y se marcha del pueblo junto con el resto de su familia. Bella cae en una terrible depresión de la que tarda meses en salir, e incluso entonces apenas consigue volver a la normalidad. Sólo cuando su padre amenaza con mandarla con su madre, ella intenta retomar, al menos en apariencia, su vida anterior.

Como llevaba meses desatendiendo a todo el mundo, su amiga del colegio, Jessica, se sorprende y desconfía cuando Bella sugiere que vayan al cine. Las cosas no mejoran cuando, después de la película, Bella pasa junto a un bar a cuya puerta hay un grupo de individuos de mala catadura y, acordándose de una de las numerosas ocasiones en que Edward le salvó la vida, se acerca a ellos. Oye entonces la voz de Edward advirtiéndole de que no haga tonterías. Desde ese instante, oirá su voz cada vez que se meta en un lío, lo cual la espolea a comportarse de forma insensata.

Bella llega a la conclusión de que, si no puede tener a Edward, al menos puede oírle, así que compra un par de motos destartaladas (dos vehículos perfectamente peligrosos) y consigue que su amigo Jacob Black las repare. Al mismo tiempo ve a gente de la reserva india tirándose al mar desde los acantilados por diversión, y decide imitarlos. Jacob promete ayudarla a hacerlo algún día.

Algo extraño comienza a suceder entonces. Jacob estaba preocupado porque sus amigos parecían estar uniéndose a una banda peligrosa encabezada por Sam Uley, un tipo de aspecto siniestro, pero de pronto él también parece seguir sus pasos y se niega a ver a Bella. Cuando ella intenta verlo, le dicen que está enfermo. Bella, sin embargo, persevera y por fin consigue llegar hasta él. Descubre entonces que se ha convertido en un hombre lobo: el enemigo jurado del vampiro.

Los hombres lobo sólo se manifiestan cuando surge la amenaza del vampiro, cosa que ocurre muy poco después. Victoria (uno de los vampiros que intentó matar a Bella en el primer libro, y pareja de James, el vampiro al que destruyeron los Cullen) ha vuelto en busca de venganza. Comienza a morir gente.

Entre tanto, Bella, ansiosa por oír la voz de Edward, se vuelve cada vez más temeraria, y se lanza desde los acantilados al mar sin darse cuenta de que se avecina una tormenta. Está a punto de ahogarse, pero Jacob la rescata en el último momento.

Poco a poco, Bella cobra conciencia de que siente algo por Jacob (el cual está claramente enamorado de ella), pero comprende asimismo que Edward es su único amor. Al volver a casa se encuentra con Alice Cullen: su primer contacto desde hace meses con la familia a la que adora. Alice la había visto lanzarse al mar en una visión, pero como los vampiros no pueden ver el futuro de los hombres lobo, ignoraba que Jacob la había salvado y creía que su amiga había perecido ahogada. Alice se siente inmensamente aliviada al ver que Bella sigue viva, pero al mismo tiempo le impresiona su sufrimiento, y le cuenta a Bella que Edward también lo está pasando muy mal.

El mismo día en que Bella se arroja al mar muere Harry Clearwater, un amigo de Charlie, su padre, lo que provoca un malentendido que casi acaba como *Romeo y Julieta*. Jacob está en casa de los Swan cuando suena el teléfono, y le dice a la persona que llama que Charlie está «en el entierro». Quien ha llamado (aunque Bella no lo sabe aún) es Edward, que, habiéndose enterado de la visión de Alice por su hermana Rosalie, da por sentado que el entierro es el de Bella y, consumido por el dolor, decide quitarse la vida. Para ello planea viajar a Volterra, Italia, donde habitan los Volturi, un grupo muy antiguo de vampiros que actúa, básicamente, como ejecutor de la ley del mundo vampírico. Allí expondrá su piel al sol. Los Volturi no se lo permitirán, como es lógico, porque desvelaría su secreto: antes destruirán a Edward, que es justamente lo que él pretende.

Alice y Bella corren a Volterra para demostrarle que ella sigue viva. Consiguen alcanzarlo justo a tiempo, pero los tres son capturados y llevados a la guarida de los Volturi. Al descubrir que Bella es humana y que conoce el secreto de los vampiros, los Volturi dan un ultimátum a Edward: ella debe convertirse o pagar con su vida.

Bella desea convertirse y, cuando los Volturi les permiten regresar a Forks, pide al resto de los Cullen que la ayuden en el tránsito de un estado a otro. Edward se opone, pero, consciente de que Bella está decidida a seguir adelante, le ofrece un trato: la transformará si se casa con él. (Bella siente aversión por la idea del matrimonio, debido al divorcio de sus padres; de este modo, Edward confía en ganar un poco más de tiempo para que Bella siga siendo humana.) El libro acaba sin que nada se resuelva.

Como la novela anterior, *Luna nueva* tuvo un éxito fulminante. Pasó directamente a la lista de los libros juveniles más vendidos del *New York Times*; dos semanas después, ocupaba ya el número uno. En total, pasó treinta semanas en la lista. Las críticas fueron también positivas: «Menos dinámica que *Crepúsculo* y, sin embargo, igual de emocionante, *Luna nueva* saciará con creces los anhelos sangrientos de los fans del primer volumen y los dejará ansiando el tercero», escribía Hillias J. Martin en *School Library Journal*.

Había también una crítica en Teenreads.com: «La historia se hace pesada a ratos a mitad del libro, y puede que los lectores comiencen a anhelar el regreso de los vampiros —decía—. Pero los acontecimientos narrados en *Luna nueva* dejarán a los muchos seguidores de Meyer esperando su continuación, al comprender Bella por fin todo lo que está en juego si decide renunciar a su humanidad y vivir para siempre, como los vampiros».

109

Luna nueva era, de hecho, un tanto atípica, puesto que Edward aparece únicamente al principio y al final. La figura masculina central en la mayor parte del libro es Jacob, a pesar de que Bella lo rechaza al reunirse con su gran amor. Con ello nacía otro galán, tanto dentro de los libros, con el personaje de Jacob, como fuera de ellos, en la persona de Taylor Lautner, el actor que daba vida a aquél. Ambos protagonistas comenzaron a tener gran número de fans: estaban, por un lado, los seguidores de Edward y, por otro, los de Jacob. Así pues, Rob, al igual que Edward, tenía un rival (aunque no hay duda de que, al final, siempre salía ganando).

A pesar de que Rob aparecería menos tiempo en pantalla, el argumento de *Luna nueva* ofrecía multitud de estímulos dramáticos para un actor. El sacrificio que se impone Edward al arrancar el libro es un buen ejemplo de ello. Edward debe simular de modo convincente y con frialdad que no quiere volver a ver a Bella y, al mismo tiempo, hallarse próximo a la autodestrucción. Era ésta, indudablemente, una dinámica difícil de reflejar.

Las escenas del suicidio en Volterra eran, por otro lado, un regalo para cualquier actor. Rodar una comedia puede ser divertido, pero muchos intérpretes prefieren los guiones más sombríos, tanto en un sentido emocional como dramático. A juzgar por su trayectoria interpretativa, Rob es uno de ellos. En *How to be* ya había probado a dramatizar la depresión y la alienación personal, aunque en menor grado. Y el trastorno psicológico que había simulado (con el elogio de la crítica) en *The haunted airman* permitía intuir cómo se concretarían las escenas más dramáticas de *Luna nueva*.

A fin de cuentas, aquél era el escenario más horrendo que cabía esperar para Edward: la culminación de su odio hacia sí mismo, la pérdida de la esperanza al creer que Bella ha muerto, y el vacío absoluto que creía que seguiría a su muerte. En el momento de escribirse estas páginas, la película no se había estrenado aún, pero todo hace suponer que Rob estará espectacular en el clímax de la historia.

El siguiente libro, *Eclipse*, tercero del cuarteto, salió un año después que *Luna nueva*, el 7 de agosto de 2007. La tirada, un

110

millón de ejemplares de tapa dura, se acercaba ya a las de *Harry Potter*. Pronto se hizo evidente que había sido un acierto: a las veinticuatro horas de su aparición, el libro había vendido más de 150.000 ejemplares.

En *Eclipse*, Edward vuelve a ocupar un lugar central en la acción (un lugar que no abandonará a partir de ese momento). El libro comienza con una serie de asesinatos sin resolver. Edward es consciente de que son ataques vampíricos, pero Bella y él tienen otras cosas en la cabeza: ambos quieren matricularse en la universidad; Bella desea volver a ver a Jacob, lo cual es difícil, puesto que los hombres lobo son enemigos ancestrales de los vampiros; y Alice ve en una de sus visiones que Victoria, la vampira malvada, ha vuelto a Forks. En medio de todo esto, Bella acepta por fin transformarse y casarse con Edward.

Pronto queda claro que Victoria se encuentra detrás de los asesinatos: ha reunido un ejército de vampiros «recién nacidos» con los que se ha entregado a una matanza desenfrenada. Para combatir esta nueva amenaza, los Cullen y los hombres lobo superan viejas enemistades y aúnan fuerzas. Edward, Bella y Jacob se refugian en las montañas, donde se les une otro joven hombre lobo, Seth Clearwater. Las cosas se complican cuando Jacob (que lleva mucho tiempo enamorado de Bella) la oye hablar de su compromiso con Edward. Consternado, decide sumarse a la batalla. Bella lo besa para impedir que se marche, y al hacerlo se da cuenta de que también lo quiere.

Entre tanto, Victoria ha logrado aislar el olor de Edward y sigue su rastro hasta las montañas, donde lo fuerza a luchar para defenderse y defender a sus compañeros. Su ejército de neófitos acaba destruido. Ahora, Bella debe elegir entre Edward y Jacob. Inevitablemente, quizás, elige al primero. Mostrando muy poco tacto, ambos invitan a Jacob a su boda. Él, que sólo en forma de animal consigue mantener a raya el dolor, se convierte en lobo y huye.

Las ilustraciones de las portadas de los cuatro libros tienen un significado. En el caso de *Eclipse*, también. La cubierta muestra una cinta roja desgarrada, que, según ha explicado Stephenie, representa una elección. Bella ha de elegir entre Edward y Jacob. La cinta refleja además la idea de que Bella no

111

puede escapar del todo de su vida humana: una parte de su ser siempre estará atada a ella.

Cuando se publicó *Eclipse*, resultaba ya evidente que la serie era un fenómeno en ciernes, y esta vez la publicación de la novela fue acompañada del tipo de eventos que anteriormente se asociaba con los libros de *Harry Potter*. Un par de meses antes de que saliera la novela, Stephenie presidió un «baile de promoción *Eclipse*» en la Arizona State University. Las entradas se vendieron en siete horas. Ese mismo día se anunció otro baile: esta vez, las entradas tardaron cuatro horas en agotarse. De vez en cuando, Stephenie colgaba *teasers* para los lectores en su página web, y cuando faltaban treinta y siete días para la fecha de publicación comenzó a publicar diariamente una cita inédita del libro.

Las críticas fueron, en general, positivas, aunque hubo un par de notas amargas que presagiaban lo que se diría posteriomente del cuarto y último libro. «Meyer sabe lo que quieren sus fans (emoción, escalofríos y un montón de romanticismo) y lo reparte a diestro y siniestro», escribía Anne Rouyer en *School Library Journal*. Selby Gibson-Boyce, del *Tulsa World*, explicaba: «Lo leí sin parar hasta que acabé. El libro de Meyer no se despegaba de mi mano. Con *Crepúsculo* y *Luna nueva* me ocurrió exactamente lo mismo».

Kellan Rice, de la revista *Blast*, no parecía tan entusiasmada. Arremetía contra el libro por machista: «Meyer no sólo confiere a sus protagonistas una relación claramente malsana (incluso violenta), sino que la carga de idealismo romántico, y no sólo en el caso de Edward y Bella, sino también en el de Bella y Jacob». Aquello fue un anticipo de lo que sucedería al año siguiente.

En 2008 se publicó *Amanecer*, la cuarta y (hasta hoy) última entrega de la serie. La novela se lanzó el 2 de agosto y estaba claro que su publicación sería un acontecimiento grandioso. En muchas librerías de Estados Unidos se celebraron fiestas de lanzamiento a medianoche, como había sucedido años antes con los libros de *Harry Potter*. La expectación era tal que, en la primera tirada, se pusieron a la venta 3,7 millones de ejemplares de tapa dura. De ellos, 1,3 millones se vendieron durante las primeras veinticuatro horas, con lo que se logró un nuevo récord.

Con todo, la respuesta de la crítica iba a ser mucho más dispar que en el caso de las novelas anteriores de Meyer. La unión final de Edward y Bella y la transformación de ésta en vampira eran, sin embargo, lo que ansiaban los seguidores de la serie. El título de la novela hace referencia a este tránsito y a la nueva vida de Bella, y la portada vuelve a ser extremadamente simbólica: en ella aparece un tablero de ajedrez con una reina blanca en primer plano y un peón rojo al fondo. Es decir, Bella ha pasado de ser peón a ser reina.

Amanecer arranca con la boda de Edward y Bella y su luna de miel en una remota isla de la costa de Brasil en la que finalmente consuman su relación (están ya legalmente casados, de modo que las creencias religiosas de Stephenie lo permiten). Bella se queda embarazada, pero su embarazo parece avanzar extremadamente deprisa y, temiendo haber engendrado un monstruo, Edward insta a Bella a abortar. Ella se niega y el embarazo continúa.

En este momento, el punto de vista narrativo cambia a Jacob, y así seguirá hasta que Bella dé a luz. Los hombres lobo descubren que Bella está embarazada y deciden destruir al nonato y, por tanto, también a su madre. Jacob se opone y se marcha para formar una nueva manada, llevándose consigo a Leah y Seth Clearwater. En este momento tiene lugar una de las escenas más polémicas de la novela: Bella se pone de parto y está a punto de morir; acaba con casi todos los huesos rotos y pierde gran cantidad de sangre. Al verla al borde de la muerte, Edward le concede por fin su deseo y hace lo único que puede hacer para salvarla: transformarla en vampira.

El punto de vista narrativo vuelve entonces a Bella. Al principio, Edward y ella son felices con su nueva vida, hasta que Irina, otra vampira, identifica erróneamente a su bebé (a la que han llamado Renesmee) como una «niña inmortal»: dicho de otra manera, una niña vampira, incontrolable y proscrita por los Volturi. Los guardianes de la ley vampírica han de destruir, por tanto, al bebé y a los Cullen.

Éstos convocan a sus amigos vampiros de todo el mundo

113

para que declaren que Renesmee no es un inmortal. Se prepara entonces la confrontación entre los Volturi y los Cullen y sus aliados. Los Volturi son dados a torturar primero y preguntar después, pero el destino interviene. Transformada ya en vampira, Bella descubre que, como algunos de sus congéneres, tiene un superpoder gracias al cual logrará que los vampiros no se destruyan los unos a los otros. Edward no podía leerle el pensamiento ni siquiera cuando era humana, y los poderes psicológicos que ejercían otros vampiros tampoco la afectaban. Ahora es capaz de extender esa protección a todos los demás, manteniendo así a raya a los Volturi hasta que los Cullen hagan su alegato.

Al darse cuenta de su error respecto a la naturaleza de Renesmee, los Volturi ejecutan a Irina por haberles mentido. Pero sigue habiendo un problema: Renesmee sabrá de la existencia de los vampiros. Se desarrolla entonces una intensa discusión sobre qué hacer al respecto, hasta que Alice y Jasper (hasta entonces ausentes) entran en escena acompañados por Nahuel, fruto de una relación entre un humano y un vampiro. Nahuel tiene 150 años y no supone ninguna amenaza para la comunidad vampírica. Después de verlo, los Volturi se marchan y la nueva familia puede al fin vivir en paz.

Éste era, en muchos sentidos, el único fin satisfactorio que podía tener el relato. Bella no sólo consigue a su príncipe (o a su vampiro, mejor dicho), sino que Edward y ella vivirán juntos eternamente y tendrán la misma edad. Los críticos, sin embargo, se mostraron indignados; sobre todo, los que pensaban que a las mujeres les iba mucho mejor forjándose una carrera que casándose con vampiros y teniendo hijos raros y medio vampiros. «Básicamente, todos los personajes consiguen lo que quieren, aunque sus anhelos precisen de un cambio radical en su caracterización o la introducción chapucera de una historia previa —afirmaba *Publishers Weekly*—. Nadie tiene que renunciar a nada, ni sufrir, como no sea temporalmente: la grandiosidad, en otras palabras, brilla por su ausencia.»

The Independent se mostraba igual de descontento: el libro era, decía, «de un machismo escandaloso, hortera y repugnante», y, por si eso fuera poco, añadía que «Bella Swan vive para servir a los hombres y sufrir». En el *Washington Post* se podía leer: «Meyer ha clavado una estaca en el corazón de su amada creación». Y añadía: «*Amanecer* incluye una escena de parto capaz de incitar a la abstinencia perpetua a personas sensibles». *Entertainment Weekly* criticaba también duramente la escena del parto y la pasión de Bella por Edward. Y así sucesivamente.

Stephenie Meyer (que apenas podía creer el dinero que había ganado durante los años anteriores) no se inmutó. El libro estaba acusando el «efecto Rob», dijo: del mismo modo que a los fans les había costado aceptar a Rob como héroe, también necesitaban tiempo para acostumbrarse al desenlace de la historia. Hubo, además, muchas otras reacciones entusiastas. En Inglaterra, la novela ganó el premio al mejor libro juvenil del año, desbancando a *Los cuentos de Beedle el bardo*, de J. K. Rowling, y en 2009, en los premios concedidos por los lectores, fue elegido mejor libro juvenil y Meyer nombrada autora del año. Si las críticas la molestaron, lo disimuló muy bien.

Y aunque los críticos la aborrecieran, las fans sentían lo contrario. Bella (y ellas mismas, en su imaginación) había logrado lo imposible y había hallado el amor verdadero. Muchas se apresuraron a señalar (como había hecho Rob al comenzar el rodaje de *Crepúsculo*) que era Bella, y no Edward, quien salvaba la situación. Así pues, ¿se la podía acusar de antifeminismo?

Amanecer tiene, no obstante, una singularidad, y es que, a diferencia de las otras novelas, es posible que no se lleve al cine. Los productores le han dado luz verde, pero hay ciertos obstáculos por delante. El primero es que la propia Stephenie ha dicho que el libro es tan extenso que habría que hacer dos películas, en vez de una. El segundo es que sería muy difícil convertir a Renesmee en personaje cinematográfico, porque aunque es un bebé, tiene plena conciencia intelectual.

Y hay una tercera disyuntiva. Si se hace la película, es posible que Rob no aparezca en ella. Ha firmado un contrato por tres películas, no por cuatro. ¿Podrá hacerse *Amanecer* sin el protagonista que ha causado sensación en el mundo entero? ¿Soportarían las fans a otro actor en el papel de Edward?

115

8

Edward desencadenado

7 de julio de 2007. Stephenie Meyer, autora de una de las series literarias más exitosas jamás publicadas, acaba de colgar un *post* en su página web: «Es una enorme alegría para mí anunciar que Summit Entertainment ha comprado los derechos para llevar *Crepúsculo* al cine —escribía—. La gente de Summit parece muy entusiasmada con la idea de rodar la película inmediatamente, y estoy deseando trabajar con ellos. Los términos de la adaptación se ultimarán durante los próximos quince meses».

No era, de hecho, la primera vez que Stephenie entraba en conversaciones para llevar sus libros al cine: ya anteriormente había negociado con MTV Film, sin resultado alguno. Estaba claro, sin embargo, que una película basada en el primer libro de su cuarteto tendría un éxito rotundo: para empezar, sus cualidades fílmicas eran evidentes prácticamente desde la primera página. El paisaje verde grisáceo de Forks, la escultural familia Cullen, la piel vampírica que brillaba cuando salía el sol... Todo ello presagiaba un éxito clamoroso. Y así fue, en efecto.

Naturalmente, la elección del reparto despertó gran interés desde el primer momento, incluso en el caso de la propia Stephenie. La autora quiso, en principio, que el papel de Edward lo interpretara el actor Henry Cavill, que se había dado a conocer en *El castillo soñado* y en el que, curiosamente, se había pensado para el papel de Cedric Diggory. Pero hacía varios años que se hablaba de rodar la película, y Henry tenía ya veinticuatro años: era, por tanto, demasiado mayor para el papel. Tendría que ser otro.

Pero ¿quién? Stephenie mantuvo un diálogo activo con sus seguidoras a través de su página web: colgaba sus sugerencias e invitaba a las lectoras a hacer propuestas. El actor que interpretara a Edward tendría que cumplir ciertos requisitos: debía tener veintiún años o menos y no podía ser modelo o cantante. Tenía que ser un actor de verdad.

Los primeros nombres que sonaron fueron el de Tom Sturridge (que guarda un ligero parecido con Rob, del que es buen amigo) y Logan Lerman. Se propuso a Tyler Posey para Jacob, y a Emily Browning para Bella. Stephenie opinaba que Charlie Hunnam podía interpretar a Carlisle, y John C. Reilly o Vince Vaughn a Charlie. Otras propuestas fueron: Rachel Leigh Cook como Alice, Cillian Murphy como James, Daniel Cudmore como Emmett, Joanna Krupa como Rosalie (aquí Stephenie estaba rompiendo sus propias normas, puesto que Joanna es modelo), John Stamos como Laurent y Graham Greene como Billy.

La respuesta de las fans fue multitudinaria y Stephenie publicó algunas de sus sugerencias por orden de popularidad. Por extraño que parezca teniendo en cuenta el revuelo que se armó cuando por fin salió elegido, el nombre de Rob figuraba en la lista. Ésta estaba formada, en este orden, por Hayden Christensen, Rob, Orlando Bloom y Gerard Way. Stephenie, por su parte, sugirió también a Mike Vogel, Drew Fuller, Hugh Dancy y Jackson Rathbone para el papel de Edward, reconociendo sin rodeos que su propuesta se basaba en el físico más que en cualquier otra consideración.

Para interpretar a Bella, las fans querían a Alexis Bledel, Rachel McAdams y Anna Paquin. Stephenie, en cambio, barajaba la posibilidad de que fuera Danielle Panabaker. Las fans proponían a Trent Ford o a Calum Best como Jasper; a Dennis Quaid como Charlie, a Olivia Wilde como Rosalie y a Mary-Louise Parker o Jean Louise Kelly como Esme. Cuando por fin se completó el reparto, sólo dos nombres seguían en pie: Rob Pattinson y Jackson Rathbone, al que finalmente se eligió para encarnar a Jasper.

Edward era un papel de ensueño, y los actores que querían encarnarlo protagonizaron una ardua competición entre bastidores. Como en el caso de Harry Potter, estaba claro que quien consiguiera el papel se convertiría en una gran estrella. Aquella oportunidad podía hacer despegar cualquier carrera. Y, curiosamente, la elección no era en absoluto obvia.

Aunque Edward era norteamericano, el propio Rob reveló que Stephenie quería a un británico para el papel. «Es curioso, porque había un montón de ingleses optando al papel —dijo en declaraciones a atwilightkiss.com—. La autora quería a un inglés, lo cual es muy extraño. Quería ingleses que hicieran de norteamericanos. Creo que tiene que ver con ese mito que tienen de que los británicos somos gente con clase.»

Había, además, otro elemento que debía tenerse en cuenta: los Cullen son forasteros en Forks, incapaces de mezclarse con sus vecinos. Puede que Stephenie pensara que, si los actores no eran estadounidenses, les sería más fácil reflejar esta sensación de extrañeza, aunque al final Rob fue el único inglés que consiguió un papel en la película.

A finales de agosto de 2007, las cosas comenzaron a aclararse. Se eligió a Catherine Hardwicke para dirigir la película y a Melissa Rosenberg para escribir el guion. Catherine visitó Forks poco después con intención de tomar el pulso a la grisácea localidad y a sus sombríos alrededores. Gracias a los libros y a las películas, el pueblo iba a convertirse en destino turístico de los fans de la serie.

En noviembre (el día 16, más concretamente) tuvo lugar el primer anuncio importante respecto al reparto: Kristen Stewart haría el papel de Bella. «En Summit estamos entusiasmados por el potencial de esta magnífica historia de amor al estilo de *Romeo y Julieta* —comentó Erik Feig, presidente de producción de Summit Entertainment—. Naturalmente, a Julieta hay que hacerle justicia, y Kristen Stewart reúne esa combinación mágica: es una gran actriz, tiene un enorme atractivo y es perfecta para el papel».

Kristen no era una principiante: tenía, de hecho, más experiencia en el cine que Rob. Nacida el 9 de abril de 1990, rodó su primera película, *La seguridad de los objetos*, a la tierna edad de once años, y se dio a conocer al año siguiente con *La habitación del pánico*, dando la réplica a Jodie Foster. Durante los años siguientes intervino en más de una decena de películas, entre ellas *Zathura: una aventura espacial* y *Entre mujeres*. Era ya, por tanto, una actriz hecha y derecha.

Menos de un mes después llegó el anuncio que todo el mundo esperaba: «Summit Entertainment ha hecho público hoy que Robert Pattinson protagonizará *Crepúsculo* junto a Kristen Stewart —anunció *Los Angeles Times*—. Está previsto que la producción de este *thriller* romántico basado en el fenómeno editorial de Stephenie Meyer dé comienzo en febrero de 2008, con guion de Melissa Rosenberg y dirección de Catherine Hardwicke».

Erik Feig volvió a tomar la palabra: «Siempre es un reto dar con el actor adecuado para un papel que tiene una presencia tan vívida en la imaginación de los lectores, pero es una responsabilidad que nos tomamos muy a pecho y, con Rob Pattinson, confiamos en haber encontrado al Edward perfecto para nuestra Bella», declaró. Posteriormente, también se haría público el resto del reparto.

Rob, por su parte, confiaba muy poco en conseguir el papel. Es modesto y tímido por naturaleza, y la novela enfatiza hasta tal punto la perfección física de Edward que Rob reconoce haberse sentido un farsante por optar siquiera al papel. Cuando VanityFair.com le preguntó si lo deseaba, contestó: «Un poco, aunque pasé mucha vergüenza al hacer la prueba. No tenía ni idea de cómo interpretar a Edward. Pensaba que ni siquiera tenía sentido hacer la prueba, porque elegirían a un modelo o algo así. Me parecía un poco arrogante por mi parte presentarme para el papel. Casi me da un ataque de ansiedad antes de hacer la prueba de cámara».

Más tarde reconocería que estaba tan nervioso que tomó un poco de Valium para conservar la calma. Desvelando una vulnerabilidad que se manifestaría de nuevo al hablar del asombro que le producía la histeria que desataba entre sus fans, confesó en una entrevista para la revista *GQ*: «Me tomé medio Valium y me metí allí [en la prueba], y empezó todo esto. Era la primera vez que me tomaba un Valium. Un cuarto. Un cuarto de Valium. Intenté hacerlo para otra prueba, pero me salió el tiro por la culata: me desmayaba».

Rob no leyó el libro hasta que supo del papel. «Leí la novela unos cinco meses antes de hacer la prueba. Leí las primeras cincuenta páginas, hasta que aparece él y pensé: "Qué va". Porque, además, ese año estaba muy gordo —contó en film.com—. Así que me dio un poco de corte. Me daba vergüenza hasta presentarme a la prueba. No leí el libro entero antes de la audición, sólo una sinopsis de cuatro renglones: "Edward es un ser perfecto. Inteligente y bello. Divertido y alocado. Te abre las puertas. Te lleva en su Volvo...". Me pareció absurdo presentarme.»

Pero es precisamente esta actitud lo que hace a Rob tan idóneo para el papel. Si al presentarse a la prueba se hubiera comportado como si fuera un regalo divino, su engreimiento y su petulancia habrían desentonado absolutamente con el personaje, un tanto distraído y ensimismado, de Edward. De hecho, su rotunda negativa a reconocer que tiene algo especial concuerda a la perfección con la repugnancia que Edward siente a veces hacia sí mismo. Sin saberlo él, su actitud lo ayudó a conseguir el papel.

Kristen, que ya había sido elegida para interpretar a Bella, también tenía algo que decir respecto a quién protagonizaría la película junto a ella. Era absolutamente esencial que los dos protagonistas hicieran buenas migas, al menos en pantalla (de hecho, más tarde correrían diversos rumores acerca de su relación fuera de la pantalla, de lo cual hablaremos más adelante), y si hubiera creído que Rob no era el más adecuado para el papel, es probable que él siguiera viviendo en el Soho, haciendo películas independientes que nunca se estrenaban. Por suerte, lógicamente, Rob le pareció perfecto para el papel: «Todos hacían algo vacío, superficial, irreflexivo —dijo Kristen, una de sus grandes defensoras—. Rob, en cambio, comprendía que no era un papel frívolo».

No obstante, la elección de Rob no puede atribuirse únicamente a la opinión de Kristen. La importancia de la química entre Edward y Bella, o entre Rob y Kristen, no puede subestimarse en ningún caso. Era esencial que los responsables de la película acertaran al elegir a los últimos cinco candidatos para el papel, como dejó claro la directora, Catherine Hardwicke.

«Vimos primero a unos cuatro finalistas, y luego llegó Robert —contó en atwilightkiss.com—. Cada uno interpretó una escena distinta. Tres escenas distintas con Kristen. Y sí, para las escenas de dormitorio nos metimos en el dormitorio [de mi casa en la playa]. Yo estaba allí con la cámara y vi cómo surgía aquella magia. Y ver esa química fue muy emocionante.»

Así pues, se hizo pública la noticia: Summit había encontrado a su Edward. La reacción de los fans fue inmediata… y furiosa. Dejando a un lado *Harry Potter y el cáliz de fuego*, las películas y los papeles que había elegido Rob resultaban un tanto chocantes tratándose de un actor que iba a interpretar a un auténtico rompecorazones. De hecho, su elección pareció sorprender a Rob tanto como al resto del mundo. Un clamor de indignación recorrió Estados Unidos de punta a punta, cosa que su propia madre comunicó a Rob, aunque sin intención de herir los sentimientos de su hijo, cuya fama alcanzaría pronto cotas estratosféricas.

«Cuando yo ya estaba en Estados Unidos, mi madre me mandó unas cosas que le parecían graciosas —contó Rob en film.com—. Había una foto de una película de vikingos que hice, en la que parece que me han dado un sartenazo en la cara. Llevaba, además, una peluca horrorosa. Y la gente decía: "Eso es Edward". Era una reclamación que pensaban mandar a Summit diciendo: "No iremos a ver la película". Reunieron unas 75.000 firmas. Y eso fue como tres días después de que me dieran el papel. Y yo pensaba: "Gracias por mandármelo, mamá". Así fue como me dieron la bienvenida a *Crepúsculo*.» Los nibelungos habían vuelto para atormentar a Rob.

Y, por otro lado, estaba lo de *Harry Potter*. Aunque se puede ser fan de las dos series, a los seguidores de cada una de ellas les gustaba pensar que eran únicos. No podía haber un cruce entre ambas. Y lo que era aún peor: el personaje de Cedric, tan británico y estirado, no se parecía en nada al atormentado y muy norteamericano Edward. ¿Cómo podía interpretar ambos papeles el mismo actor? Rob, muy sensatamente, agachó la cabeza y no entró al trapo: «Los libros tienen montones de seguidores y ya he recibido sacos y sacos de cartas de fans enfadadísimas que me dicen que no puedo hacer de Edward porque

121

soy Diggory —dijo en una entrevista para la revista *Evening Standard*—. Espero poder demostrarles que se equivocan».

Rob se lo tomaba todo a broma, pero lo cierto es que fue un periodo muy doloroso de su vida, aunque fuera fugaz. Una cosa es que uno mismo ponga pegas a su físico, y otra muy distinta que se las pongan los demás. Stephenie estaba preocupada por él, lo mismo que los productores de la película: a fin de cuentas, Rob era muy joven (sólo tenía veintiún años) para llevar sobre sus hombros no sólo las enormes expectativas que despertaba por ser uno de los protagonistas de la película, sino también el peso de toda aquella animosidad. No era precisamente el mejor modo de ganar confianza en sí mismo, y durante un tiempo el asunto resultó muy preocupante.

De todos modos, en lo tocante al papel de Edward, la suerte estaba echada: ya no había marcha atrás. Rob se había trasladado a Estados Unidos para hacer la prueba y, al ponerse en marcha la enorme maquinaria de la producción, tuvo que instalarse de forma casi permanente en Los Ángeles. El rodaje, que estaba previsto que durara seis meses, no daría comienzo hasta principios de año (aunque Rob ya había sido elegido, faltaba por completar parte del reparto), pero el trabajo entre bastidores dio comienzo enseguida. Es decir, Rob empezó a prepararse con un entrenador personal. Para interpretar a Edward tendría que aparecer con el pecho desnudo en varias escenas, y los responsables de la película querían ver en pantalla los pectorales de un vampiro de fuerza descomunal.

Siguieron unos meses de durísimo entrenamiento. Cuando la revista *Evening Standard* le preguntó qué haría para distraerse durante las largas horas de rodaje, respondió: «Espero tener valor para no llevarme nada. Quiero planteármelo un poco como un monje y concentrarme completamente en el trabajo. Intentaré levantarme todo los días a las 5.30 para ir a correr». Rob se había consagrado por entero al papel.

Las fans, por su parte, cambiaron pronto de idea. Los ánimos comenzaron a cambiar en cuanto Stephenie le dio públicamente su apoyo: «Estoy encantada con la elección de Summit. Hay muy pocos actores capaces de mostrarse, al mismo tiempo, bellos y peligrosos, y aún menos a los que pueda imaginarme encarnando a Edward. Robert Pattinson va a estar asombroso». Se publicaron algunas fotografías recientes de Rob en las que ya no era aquel vikingo de peinado horrendo, sino un joven increíblemente guapo, de pómulos salientes y mandíbula afilada, con una hermosa e indomable cabellera.

El pelo de Rob se convirtió pronto en materia de encendidas discusiones. Le dijeron que no se lo cortara. Tampoco se lo lavaba, según reconoció él mismo. Un par de meses después volvió a afirmar lo mismo durante su aparición en el programa de Jay Leno, y la modelo Heidi Klum, que también estaba presente, se apartó de él con cierto nerviosismo.

Rob tuvo que aprender también a jugar al béisbol. El partido que juegan los vampiros en un claro en el corazón del bosque es una escena central tanto del libro como de la película. En su transcurso, los vampiros malvados se dan cuenta de que hay una humana entre los Cullen y es lo que desata la aterradora persecución en la que uno de ellos, James, intenta dar caza a Bella. En la película, la supervelocidad de los vampiros da lugar a efectos especiales sobrecogedores. Pero los ordenadores tienen un límite, y a todos los actores se les pidió que alcanzaran un buen nivel de juego que más tarde se encargarían de embellecer los efectos especiales. Rob, que había crecido en Inglaterra, no tenía ni idea de cómo se jugaba y tuvo que aprender antes de que las cámaras empezaran a rodar.

El tema de Rob y el béisbol fue objeto de numerosas bromas en Estados Unidos: era como si un joven actor norteamericano fuera a Inglaterra y tuviera que aprender a jugar al críquet. Al menos en *Harry Potter* nadie se había burlado de él por no saber jugar al *quidditch*. Pero aquello era muy distinto, como él mismo pudo comprobar.

«En todas partes me preguntan lo mismo —contó en film.com—: "Me han dicho que eres un manta jugando al béisbol". A mí me da igual. Los deportes me parecen una idiotez. Pero Catherine Hardwicke estaba tan empeñada en hacerme parecer un jugador de béisbol profesional que hizo que un entrenador intentara enseñarme la posición de "listos", así, como un poco agachado. Yo le decía: "Que cuando llegue el momento de la verdad lo haré bien, en serio. No hace falta que me enseñen". Pero ella quiso verlo delante de todos los extras. Me dio bastante corte. Así que durante el resto del rodaje, cada vez que Catherine no sabía cómo hacer una toma, yo le decía: "Creo que debería ponerme en posición de listos". Pero sí, se me da fatal el béisbol. Se me dan mal todos los deportes, menos correr, y ahora hasta eso se me da mal.»

Rob mostraba su modestia de siempre. Era, en realidad, un deportista consumado, como se pudo comprobar en el rodaje de *Harry Potter* y de nuevo en el de *Crepúsculo*. Nadie que vea sus exhibiciones atléticas en *Crepúsculo*, tanto en el partido de béisbol como en sus desplazamientos por el paisaje boscoso de Forks, podrá decir, desde luego, que se le da «fatal».

El *casting* se completó en febrero de 2008. Peter Facinelli interpretaría a Carlisle; Elizabeth Reaser, a Esme; Jackson Rathbone, a Jasper; Nikki Reed, a Rosalie; Ashley Greene, a Alice; y Kellan Lutz, a Emmett. Otros miembros importantes del reparto serían Billy Burke en el papel de Charlie, Rachelle Lefevre en el de Victoria, y, cómo no, Taylor Lautner en el Jacob Black.

124

Pese a ser físicamente muy distinto a él, Taylor iba a convertirse en un serio rival para Rob en el terreno de las preferencias de las fans, que pronto tuvo en gran cantidad. Su potente físico de atleta, tan norteamericano, contrastaba con la figura más fibrosa y estilizada (y quizá también más europea) de Rob. Su tez oscura, testimonio de su ascendencia nativa americana (por sus venas corre también sangre francesa, holandesa y alemana), servía como contrapartida a la palidez de Rob. Pese a tener sólo dieciséis años cuando lo eligieron para *Crepúsculo*, Taylor contaba ya, al igual que Kristen, con bastante experiencia en el cine, con títulos como *Las aventuras del niño tiburón y la niña de fuego en 3-D* y *Doce fuera de casa*.

Durante los meses siguientes hubo un enorme interés por saber cómo evolucionaba el rodaje. El papel de Edward no era fácil de interpretar: a pesar de ser muy deseable, si se exageraba su intensidad dramática se corría el riesgo de pasarse de la raya. A Rob le daba miedo quedar como un cretino, como confesó cuando el rodaje ya estaba en marcha. Tampoco había olvidado, por otro lado, su antigua preocupación por la célebre belleza física de Edward.

«Me pasé dos meses pensando: "Vale, ¿cómo voy a apañármelas para interpretar a este personaje tal y como está escrito si en la vida real no me parezco en nada a él?" —contó en VanityFair.com—. ¿Cómo puedo olvidarme del aspecto principal de su caracterización: su físico? Está escrito desde la perspectiva de Bella, y ella lo describe con un deseo casi obsesivo. No ve en él ni un solo defecto. Ése es un rasgo muy característico del primer amor o del amor juvenil. Así que tardé siglos en llegar a una conclusión, pero al final fue bastante simple: si estás enamorado de alguien, no ves ni un solo defecto en esa persona. Así que al final me di cuenta de que no tenía que interpretar al hombre más guapo del planeta, sino solamente a un hombre enamorado.»

El proceso no fascinaba únicamente a las fans. Stephenie Meyer (al igual que J. K. Rowling) se interesaba muy activamente por cómo iba plasmándose su historia en celuloide. Visitó el rodaje varias veces: quería ver cómo se desenvolvían sus personajes, y hasta se puso delante de la cámara para hacer de extra (se la puede ver como clienta del bar, en una escena en la que Bella y Charlie están cenando en un restaurante). Más tarde, contaba entusiasmada todas estas experiencias en su blog: «Lo que más me gustó fue cenar con parte del reparto y del equipo técnico —escribió—. Sentarse a la mesa con personas salidas de tu imaginación es lo más surrealista que quepa imaginar. Eran todos muy guapos, y eso resultó un poco inquietante. Pero ¿quién podía imaginar que las estrellas de cine fueran tan amables? En todo caso, si alguna vez tenéis la oportunidad de visitar el rodaje de una película basada en un libro que hayáis escrito, os lo recomiendo encarecidamente». Su alegría al ver convertida su creación en algo visible, y no solamente legible, resultaba evidente.

Tanto Stephenie como las jóvenes estrellas de la película estaban encantadas con los progresos del rodaje. La autora les dio, además, algunos consejos. De hecho, aquélla fue una oportunidad excelente para que los actores comprendieran mejor las motivaciones de sus personajes y las compartieran con los

125

fans. «Lo que le pregunté fue, sobre todo, por qué Edward acepta a Carlisle de esa manera —dijo Rob en declaraciones a MTV News—. A veces lo trata como a un padre y a veces como a una especie de compañero. Me preguntaba por qué un tío que tiene 108 años finge ser un chaval de diecisiete delante de alguien que sabe que no tiene esa edad. [Stephenie] Me dijo que Edward considera que Carlisle es tan buena persona que merece que él se comporte como su hijo, lo cual me pareció muy interesante. Es una cosa muy, muy extraña, si no se tiene ningún vínculo familiar con alguien; [mantener esa farsa] solamente porque te han robado el alma contra tu voluntad. Edward ha conseguido perdonar a Carlisle hasta ese extremo. [...] No hay muchas escenas que lo demuestren, pero me pareció una dinámica muy interesante.»

La cuestión del despojamiento del alma era de suma importancia: convencido de que no tiene alma, Edward se rodea de una especie de desesperanza existencial que sólo se disipa cuando conoce a Bella. Ella le da, literalmente, una razón para 126 vivir.

De ahí que Rob creyera que el personaje de Bella era esencial para entender a Edward. «Cuanto más dice Bella: "No me das miedo, no eres un monstruo", más se lo cree Edward, y llega a olvidar que es un vampiro y cuáles son sus necesidades reales», explicó para www.teenhollywood.com. «Intenta besarla y, evidentemente, la cosa acaba en desastre. Ella tiene un subidón hormonal y a él le dan ganas de asesinarla. Al final es bastante *sexy*, aunque sea un poco raro. Llega un punto en el que quieres hacer de todo y al mismo tiempo matarlos. Es lo máximo.»

Kristen, por su parte, adoptó una actitud muy distinta al conocer a la autora: le interesaban menos las motivaciones de Bella que la creación de los libros. «Stephenie y yo nos caímos bastante bien —dijo—. Es una persona muy cálida y cercana. Pero no hablé con ella sobre mi personaje o sobre las novelas. Le pregunté cómo se puso a escribirlas y qué tipos de libros le gustaban. Cosas así. Pero no hablamos de la historia.»

Al preguntarle por su visión del personaje, Rob ofreció una descripción muy reveladora acerca de cómo veía a Edward y de cómo se metía en su piel. Se diera cuenta de ello o no, estaba creando una figura intensamente romántica: un hombre al que, en último término, define su amor por una mujer. Pero este amor no puede manifestarse de forma clara y directa porque el deseo de estar con ella está estrechamente ligado al instinto de matarla. Puede que, siendo una mormona practicante, Stephenie no fuera consciente de que estaba explorando abiertamente el vínculo entre muerte y erotismo (un tema que ha fascinado a numerosos escritores antes que a ella), pero así era, y Rob lo sabía.

«Edward es un vampiro reticente que ni siquiera sabe por qué existe —contó a www.agirlsworld.com—. Siempre está pensando: "Quiero morirme o convertirme en humano, porque ser un vampiro no tiene ningún sentido". Tiene 108 años, quizá 109. Y está atrapado en el cuerpo de un estudiante de diecisiete que finge ser humano. Luego encuentra a Bella, una chica mortal, y al principio quiere devorarla. Después, ese deseo se convierte en un amor apasionado. Es muy difícil para un vampiro estar enamorado de alguien a quien todo el tiempo desea comerse. La historia la forman los problemas, las dificultades y tribulaciones que surgen cuando un vampiro se enamora de una chica normal a la que desea matar.»

Además de analizar el personaje de Edward, Rob tuvo que pensar sobre los vampiros. En las entrevistas le preguntaban a menudo si se había documentado sobre el universo vampírico. Al fin y al cabo, hace miles de años que circulan leyendas acerca de estos seres que asaltan a los humanos de noche para chuparles la sangre; había, por tanto, mucho material al que recurrir para documentarse. Era natural que hubiera cierta curiosidad por saber si había buscado inspiración en aquellas criaturas ancestrales, ya fuera en libros o en sus encarnaciones más recientes, tanto en cine como en series de televisión.

«La verdad es que no [me he documentado sobre los vampiros]», dijo en declaraciones a www.teenhollywood.com. «Creo que es muy fácil convertirlos en un estereotipo. Hay cientos de miles de películas de vampiros.» Era consciente, por otra parte, de que los vampiros de *Crepúsculo* eran un tanto distintos. «En la historia no son vampiros convencionales. No parecen vampiros, ni se mueren si les da el sol. Se ha prescindido de todos los rasgos típicos de los vampiros, hasta de los más pequeños. Yo intenté hacerlo de la forma más elemental posible. Simplemente, alguien te muerde y te conviertes en vampiro y vives para siempre, y eres superfuerte y esas cosas.»

Era una respuesta poco sesuda, pero definía perfectamente el retrato que Rob hacía de Edward, porque, tal y como él mismo ha explicado en otras ocasiones, no interpretaba a Edward como a un vampiro, sino como a un hombre enamorado que da la casualidad de que también es un vampiro. Si se hubiera centrado en la idea del no-muerto, más que en la historia de amor, su interpretación no habría sido tan perfecta.

Como de costumbre, su intuición dio en el clavo. Aunque los vampiros suelen ser materia de pesadillas, muchos de los que aparecen en la serie son personajes profundamente compasivos, condenados a una existencia que no siempre deseaban. Tal y como lo veía Rob, la difícil situación en la que se hallan se ve agravada por el hecho de que en otro tiempo fueron humanos y saben en qué se han convertido. Existen en un mundo del que antes formaban parte y al que no pueden volver vivos, como antaño.

«Superman no es en absoluto una figura trágica, pero los vampiros sí lo son, porque antes fueron humanos», explicó Rob a www.teenhollywood.com.. «En *Crepúsculo*, Carlisle, el jefe del clan Cullen, sólo convierte a la gente en vampiros por mala conciencia, cuando están a punto de morir. Casi siempre están inconscientes cuando los convierte, así que no tienen elección. Y luego se despiertan. Así que es algo bueno y malo al mismo tiempo. La única razón por la que respetan a Carlisle es porque es una especie de santo. Nunca ha matado a nadie; todos los demás sí, excepto Alice.»

Eso en lo relativo a los Cullen en su conjunto, pero ¿y en cuanto al personaje que iba a interpretar? Rob también tenía su opinión al respecto. Quizá lo más significativo era que Edward perdía su garra como personaje si sólo parecía ser un buen tipo que evitaba beber sangre humana y salvaba a la gente: debía tener también su lado oscuro y esforzarse por sobreponerse a él. Todo héroe romántico tiene un defecto (hasta el señor Darcy es orgulloso y arrogante); en el caso de Edward,

El *fangdemonium*: Rob saluda a sus fans en el estreno de *Crepúsculo* en Los Ángeles.

¿Sólo tengo ojos para ti?
Abundan los rumores
sobre la verdadera
naturaleza de
la estrecha amistad
de Rob y Kristen.

En el estreno en Los Ángeles con sus compañeras de reparto (de izquierda a derecha) Nikki Reed y Kristen Stewart, y la directora de la película, Catherine Hardwicke.

Página siguiente: como parte de la promoción de *Crepúsculo*, sus protagonistas posaron para *Vanity Fair* en un espectacular reportaje fotográfico.

Rob caracterizado como Edward Cullen.

El éxito fulminante de *Crepúsculo* exigió que sus estrellas realizaran una gira mundial. Aquí, Rob trabajando duramente en París (arriba), Tokio (izquierda, con Kristen y Taylor) y Roma (abajo).

¿Sí o no? Rob y Kristen mantienen a sus fans en vilo al recoger el premio de la MTV al mejor beso (abajo).

El héroe de Hollywood; en los Óscar de 2009 (arriba).

Pendientes de cada una de sus palabras: Rob (y la prensa de todo el mundo) en el Festival de Cine de Cannes 2009.

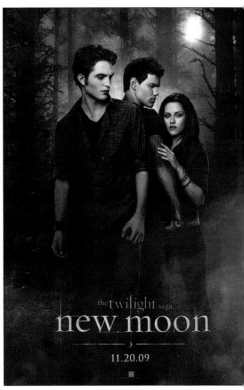

Acosado en plena calle: Rob intenta rodar
Remember me en Nueva York.

El cartel de *Luna nueva*, la segunda
película de la serie.

Amor prohibido: un palpitante fotograma de *Luna nueva*.

ese defecto era una mezcla de sed de sangre y desesperación. Eso había que ponerlo de manifiesto, o su caracterización fracasaría.

«Edward intenta portarse bien con la gente, pero le cuesta —declaró Rob—. De eso trata también la historia, en gran medida. Edward ha decidido ir en contra de sus bajos instintos. Sabe que es un vampiro, y sabe que lo que hacen los vampiros es ir por ahí matando gente. En eso consiste ser un vampiro. Es bastante aburrido, si te niegas eso. Si eres humano, puedes hacer lo que quieras, cuando quieras. Creo que eso es lo que preferiría la mayoría de la gente. Edward, por la razón que sea, decide que no quiere hacerlo e intenta constantemente descubrir por qué no quiere. Pero me parece mucho más lógico que un vampiro se dedique a matar gente.»

Estaba, además, el lado más atractivo del papel. Edward es un héroe romántico gracias a su físico: un hombre tan guapo que atrae a todas las mujeres casi sin excepción. Pero tenía que haber algo más. Debía haber algo dentro del personaje que lo hiciera deseable, porque las mujeres, quizá más que los hombres, tienden a ver bajo la capa más superficial de todo cuanto miran. Rob también logró dar esa dimensión al personaje: «Lo que nunca he entendido respecto a su capacidad de atracción, especialmente para chicas muy jóvenes, es su caballerosidad —contó en film.com—. Creía que a las adolescentes les gustaban los rasgos más intimidatorios de los hombres, así que intenté resaltar sus características más amenazadoras y convertir su lado galante en una especie de velo bajo el que se escondía otra cosa. Intenté convertirlo en un personaje increíblemente fuerte y poderoso, pero al mismo tiempo con un punto de vulnerabilidad y de desprecio hacia sí mismo».

Fue esta mezcla de fortaleza, de peligro y de vulnerabilidad lo que dio verdadera potencia a su interpretación. Rob supo encontrar el núcleo duro del atractivo de Edward, y acertó al atribuir un lado peligroso al personaje. Edward era, a fin de cuentas, un asesino en potencia, lo cual lo hacía enormemente peligroso para los demás, aunque no quisiera serlo y ello supusiera una tragedia para él. Las escenas de los besos, en especial, son momentos no sólo de intensa exaltación, sino también de terrible peligro para Bella. Ése es el quid de la cuestión, lo que confiere su atractivo a la serie: el doble filo del deseo y el peligro, que Rob supo plasmar con maestría.

Tanto Rob como los responsables de la película tenían muy presente que aunque Edward y Bella sienten una intensa atracción el uno por el otro, no llegan a mantener relaciones sexuales en ningún momento (al menos en esta entrega). El deseo frustrado es, claro está, mucho más *sexy* que su satisfacción. Cabe además la posibilidad de que, en este caso, la pasión no llegue a consumarse, lo cual es otro elemento crucial del film. «Hay muchísima obsesión y muchísimo deseo por este personaje entre las chicas más jóvenes. Creo que el éxito de los libros obedece a que sus seguidoras pueden desear y anhelar a Edward, y sin embargo, en el primer libro no hay ningún contacto sexual», explicó Rob al *Daily Telegraph*.

Así se puso en marcha la monstruosa maquinaria de *Crepúsculo*, una película que iba a transformar por completo la vida de Rob. Cuando el rodaje tocaba a su fin, le preguntaron si quería ser famoso: «No le veo ninguna ventaja, porque soy feliz con la vida que llevo ahora mismo —contestó en la revista *Evening Standard*—. Tengo los mismos dos amigos que tenía a los doce años, y no creo que eso vaya a cambiar».

Se equivocaba. Su vida estaba a punto de cambiar mucho más de lo que él o cualquier otra persona podía imaginar.

9

Los martes, *Crepúsculo*

*R*ob había visto todo aquello antes, naturalmente. Al encarnar a Cedric Diggory en aquel otro fenómeno cinematográfico sobre escolares y sucesos sobrenaturales, presenció un nivel de histeria que rompió récords de taquilla a escala planetaria. Tal era el maremágnum que rodeaba a *Harry Potter*, que prefirió alejarse de aquello y permanecer en la sombra un par de años antes de volver a aventurarse en aquel terreno, gracias a *Crepúsculo*.

Aquello, sin embargo, era distinto. En *Harry Potter*, Rob no era el centro de atención. Ese honor recayó en el trío protagonista formado por Daniel, Rupert y Emma, y el atractivo sexual que ejercía Daniel no podía compararse con el de Rob. Harry Potter no era objeto de fantasías eróticas: por más que J. K. Rowling se hubiera empeñado en acentuar su sexualidad en los últimos libros, Harry era básicamente un chico del montón al que se recordaba como el niño que vivía en un armario debajo de la escalera hasta que fue rescatado y llevado al país de la magia.

Edward no se parecía a él ni de lejos. Su propósito en los libros, desde el principio, fue servir como objeto erótico, como héroe romántico. Bella da significado a su vida, y viceversa. Edward era el objeto de deseo por antonomasia. Y Rob, el actor que lo encarnaba, se convirtió pronto en eso mismo.

Nada en el mundo podía haberlo preparado para el furor que comenzaba a despertar. Sus admiradoras casi parecían querer compensarlo por sus dudas iniciales, de las que se habían retractado públicamente, y prácticamente echaban espuma por la boca cada vez que aparecía una foto de su héroe, y no digamos él en persona.

Se estaba prestando una atención sin precedentes a una película que no sólo no se había estrenado aún, sino que ni siquiera había acabado de rodarse. Se crearon multitud de páginas web dedicadas a seguir paso a paso los progresos de la película y a su protagonista. Había un grupo llamado «Mamás *Crepúsculo*» que contaba con cuatro mil miembros. La MTV News instituyó un «Martes de *Crepúsculo*» en honor del día en que se actualizaba la información sobre la película. Incontables páginas web de cine y dedicadas a adolescentes ofrecían regularmente a sus lectoras fotografías, cotilleos y, con frecuencia, entrevistas con miembros del reparto. Porque se esperaba que Rob, Kristen, Taylor y el resto de los actores pusieran también su granito de arena. Estaba claro que la película iba a causar sensación, pero los productores no querían correr ningún riesgo. Todos tenían que contribuir al esfuerzo publicitario. Y de qué manera.

132 Al principio, sin embargo, los actores no fueron conscientes de aquel frenesí. Encerrados en Oregón, donde tenía lugar el rodaje, muy lejos de la acción, estaban centrados en su trabajo. La primera escena que filmaron fue, en realidad, una de las últimas del libro: la pelea en la escuela de ballet en la que James, el vampiro que persigue a Bella, casi logra matarla antes de que, en el último momento, lleguen los Cullen.

Era una secuencia muy fuerte para empezar, porque además de sus componentes dramáticos y del esfuerzo interpretativo que exigía, incluía gran cantidad de elementos que exigían concentración. Por ejemplo, el trabajo con los cables, una de las técnicas que utilizan los efectos especiales y que supone que los actores estén literalmente conectados a cables de acero para realizar números acrobáticos. Así es como se filmaron las secuencias que incluían carreras: Rob estaba sujeto a cables que le permitían correr mucho más rápido de lo normal. Posteriormente, en la sala de edición, se añadieron otros efectos especiales.

Así pues, los actores sólo comenzaron a darse cuenta de que la película iba a convertirse en un fenómeno multitudinario cuando, tras acabar el rodaje en Oregón, regresaron a Los Ángeles para ultimar la filmación. Doscientas personas acudieron a recibirles y, aunque esa cantidad sería insignificante comparada con las multitudes que vendrían después, hay que tener en cuenta que la película no se había terminado aún.

Volviendo al rodaje, pronto se hizo evidente que entre Rob y Kristen se estaba formando un vínculo muy fuerte. Una persona que visitó el rodaje comentó que, entre toma y toma, Kristen se alejaba y se sentaba a solas para meterse en el papel; cuando llegaba el momento de volver, era Rob quien iba a buscarla, le tocaba el hombro y la llevaba de vuelta al set. Entre tanto, para ayudarlo a interpretar a Edward, Rob había tenido acceso a algo que sólo otras tres personas en el mundo habían visto en ese momento (una de ellas, la propia autora): el manuscrito de *Sol de medianoche*, la novela que narra la historia de *Crepúsculo* desde el punto de vista de Edward.

«Aparte de Stephenie y el editor, sólo [lo habíamos leído] Catherine [Hardwicke] y yo», contó una de las veces que MTV News visitó el rodaje para sus «Martes de *Crepúsculo*». «Es supersecreto. Y ya está acabada la mitad de la novela, o sus dos terceras partes. La leí justo al principio [del rodaje]. Saqué muchas cosas de ella. Son exactamente los mismos acontecimientos, pero pasan un par de cosas más. El argumento es el mismo, pero es curioso comprobar que las cosas afectan a Edward de una forma que no te esperas si sólo has leído *Crepúsculo*.»

El primer libro, en efecto, narraba la historia únicamente desde la perspectiva de Bella y, no siendo ésta capaz de leer el pensamiento, había un montón de «lienzo en blanco» en torno al personaje de Edward, lo cual atraía enormemente a Rob: «Eso es lo que me gusta del papel, que en realidad [Edward] es un tipo del que no se sabe mucho, así que uno puede crear lo que le apetezca».

Naturalmente, algunos de esos espacios en blanco, que a Rob le gustaba rellenar sirviéndose de la imaginación, los llenó la propia creadora del universo crepuscular al permitirle leer *Sol de medianoche*. La lectura del libro resultó muy estimulante. «Cuando me enteré de que había otro libro escrito desde el punto de vista de Edward, [lo leí y resultó que] teníamos la misma perspectiva», declaró él, entusiasmado.

133

El Edward de *Sol de medianoche* es un alma atormentada, no hay duda. Se trata de la historia de amor contada desde el punto de vista del vampiro, más que del humano, y nos muestra un ser sumido en la infelicidad que le produce la conciencia de lo que es, hasta que por fin encuentra un modo de redimirse a través de su relación con Bella. Al principio, Edward no es consciente de ello. Tan violenta es su atracción por Bella que la vida de ésta corre mucho más peligro del que permite deducir la lectura de *Crepúsculo*: al principio, Edward está a punto de matarla, revelando de ese modo su naturaleza vampírica y dando la espalda a los valores humanos que le ha enseñado Carlisle.

Como sabemos, ésta ha sido siempre la interpretación que Rob ha dado a su papel. Siempre le ha gustado la idea de que Edward tenga un lado oscuro: el hecho de que, por ser un vampiro, deba tener un pasado, y que ese pasado contenga algunos elementos desagradables. Como de costumbre, Rob estaba mucho más interesado en la compleja personalidad de Edward que en su faceta de galán, y aquél era el refrendo que necesitaba para convencerse de que su interpretación del personaje era la acertada.

Respecto a *Sol de medianoche*, cabe decir que no siguió siendo un secreto por mucho tiempo. En agosto de 2008 se filtraron ilegalmente doce capítulos del manuscrito en Internet, sin permiso ni conocimiento de Stephenie o su editor. Por desgracia, tras esta desagradable experiencia, Stephenie decidió que no podía continuar escribiendo el libro, inacabado en aquel momento. Hasta ahora, el proyecto sigue en espera. Stephenie decidió finalmente publicar en su página web los capítulos filtrados, alegando: «De este modo, mis lectores no tendrán la sensación de que deben sacrificarse para ser honrados». Los seguidores de la serie confían en que retome la novela, pero de momento no hay noticia de que vaya a hacerlo.

Entre tanto, en el rodaje de *Crepúsculo*, Kristen hacía hincapié en la necesidad de tomarse la película totalmente en serio, no pensando en la enorme cantidad de dinero que todo el mundo esperaba obtener de ella, sino con la mente puesta en la integridad de la historia. La grandiosidad del film a menudo amenazaba con eclipsar la historia de amor que constituye su centro, y Kristen tenía mucho interés en asegurarse de que, además de las escenas escalofriantes que se estaban rodando, los actores no perdían de vista la esencia del relato.

«En las grandes secuencias de acción, da un poco de miedo porque la gente dice: "Vamos a acabar con las escenas de acción y después nos pondremos con las escenas con más carga interpretativa" —contó a la MTV—. Y una piensa: "Ya, pero es que las cosas no funcionan así, hombre". Cuesta mantener la coherencia con lo que estás haciendo en el resto de la película. No puedes perder de vista lo que está pasando con los personajes. Son más difíciles [las escenas de acción], porque tienes que esforzarte por no olvidar lo que está pasando y no concentrarte únicamente en una pared que se resquebraja, por ejemplo. En las escenas más íntimas, tienes más tiempo para meterte en situación.»

Durante la celebración de la Comic-Con de San Diego, el salón del cómic del que hemos hablado en el primer capítulo, la *Crepusculomanía* estaba ya en pleno apogeo. Aparte de otras consideraciones, para los artífices de la película fue un alivio comprobar con qué entusiasmo era recibido el reparto. Había cosas muy importantes en juego: en el remoto caso de que *Crepúsculo* resultara un fracaso, mucho dinero y muchas reputaciones se irían al traste. Pero aquello no parecía probable, como señaló Stephenie. «Toda esa gente que grita quiere ver una buena película —les dijo a los periodistas presentes en el evento—. Y nosotros tenemos una buena productora, un buen guion y un buen reparto.»

En efecto, todo parecía marchar tan bien que el reparto empezaba a hablar de una segunda película, aunque no habría confirmación oficial hasta que Summit evaluara los resultados de la primera. «Me planteo mi interpretación de tal manera que sea lo bastante satisfactoria como para hacer al menos dos películas más —confesó Rob a E!Online—. No sé si las harán o no, pero creo que es probable que sí.»

Taylor fue un poco más cauto: «Todavía no hay nada confirmado. Así que estamos esperando, a ver qué pasa. Si va bien, puede ser».

135

Pero las cosas parecían ir a pedir de boca, no cabía duda. Summit había empezado a lanzar «anzuelos»: alguna que otra escena aquí y allá. En la MTV no sólo aparecían anécdotas y entrevistas: también se emitían clips de la película. *CosmoGirl* publicó un amplio reportaje sobre Rob, Taylor y Kellan (el actor que interpreta a Emmett) y sus respectivos personajes: Edward era «un poeta de gran calado y hondura», dijo Rob en declaraciones a la revista. Estaba «extremadamente angustiado». Y era «reticente y siempre en conflicto consigo mismo». Estas declaraciones permitían adivinar que, vista en pantalla, su interpretación sería muy turbadora.

En el mes de julio, la maquinaria publicitaria calentó aún más el ambiente cuando Rob y Kristen aparecieron en la portada de *Entertainment Weekly* caracterizados como Edward y Bella. Estaban espléndidos: la camisa abierta de Rob dejaba entrever su pecho musculoso, aunque pálido; su cabellera se desmandaba, a pesar de los esfuerzos por domeñarla; y su boca era de color rojo sangre. Dejando a un lado los elementos vampíricos, su aspecto recordaba al del bailarín Rudolf Nureyev de joven, y aunque él restaba importancia a su trabajo con su entrenador personal, su cuerpo se veía increíblemente tenso, duro y atlético. Tenía en brazos a la afortunada Kristen, con la larga melena suelta flotando tras ella y un vestido de gasa de color claro. En la mano, Kristen sostenía el fruto de la tentación: una manzana roja. ¿Probarían la fruta prohibida?

Dentro había más fotos de los actores y algunas reflexiones de Catherine Hardwicke acerca de la elección del reparto. Escoger a Kristen para el papel de Bella fue pan comido: «Su mezcla de candor y deseo me dejó boquiabierta —dijo Catherine, recordando la prueba—. Se había pasado toda la noche rodando, pero se aprendió el diálogo en el acto. Bailó sobre la cama y persiguió a las palomas por el parque. Me cautivó».

En cuanto a Rob, la directora comentó con encomiable discreción: «Todo el mundo tiene una visión muy idealizada de Edward. Estaban ansiosos [por saber quién sería el elegido]. Eran como abuelas diciéndote: "Más vale que aciertes"».

Teniendo en cuenta el alboroto que se armó cuando eligieron a Rob, es evidente que muchas personas opinaron que se

136

habían equivocado, aunque en el momento de aparecer el reportaje nadie dudaba ya de que escogerle había sido un golpe de inspiración. En efecto, el interés que despertaron las estrellas de la película y el reportaje fue tal que la revista aumentó su tirada para esa edición.

Una característica interesante de las fotografías de *Entertainment Weekly* es que Rob/Edward parece mucho más estilizado que en la película. Aquéllos no eran vampiros de la vieja escuela, con garras y colmillos, y sin embargo, los responsables de la revista se sintieron obligados a darles un aire sobrenatural. Se logró en parte haciéndoles aparecer extremadamente pálidos. Pero, en el caso de Rob (al que se había elegido como centro de la sesión fotográfica), esa lividez parecía más propia de una persona muy pálida que de un ser de otro mundo.

En las fotografías promocionales y en el cartel de la película, que habían aparecido en mayo, Rob parece, en cambio, un ser sobrenatural: tiene la piel aún más pálida que en la película, un brillo dorado en los ojos y la boca muy roja. El cartel mostraba a Edward con ojos ardientes y ambarinos, inclinado sobre Bella en actitud protectora. El célebre fulgor de sus ojos se lograba mediante lentes de contacto: uno de los escasos inconvenientes que Rob encontró al hacer la película. Las lentillas eran muy molestas, y él tenía la (errónea) impresión de que entorpecían sus habilidades interpretativas.

«Llevar lentillas de colores… Era como si siempre tuviera arena metida en los ojos —contó en la revista *OK!*—. Las llevé durante tres meses y nunca me acostumbré. Tardaba veinte minutos por ojo en ponérmelas cada día, y acababa literalmente teniendo que metérmelas dobladas en el ojo. Era frustrante, además, porque normalmente uno dice cosas con la mirada, y tener dos pegotes de color naranja en la cara es un fastidio. La directora me decía: "Mírala [a Kristen] como si la amaras", y yo: "¡Eso intento!"». Al final, naturalmente, quedó perfecto.

Los ojos de Edward son, de hecho, un elemento muy significativo dentro de la novela. Cuando ha saciado su necesidad de sangre (animal, por supuesto), resplandecen con un color ambarino. Pero cuando la sed de sangre se agita dentro de él, sus ojos se vuelven cada vez más oscuros, hasta volverse casi negros. Ésa es una de las primeras cosas que hacen sospechar a Bella que su futuro novio es un tanto peculiar (aunque, por suerte, ninguno de sus compañeros de instituto lo había notado).

Ese mismo mes, en julio de 2008 (una época muy fructífera para la película y para todos los que intervinieron en ella), Rob y Kristen aparecieron en la lista de las veinte principales estrellas en ciernes de menos de treinta años elegida por la revista *Saturday Night Magazine* (*SNM*). Kristen figuraba en segundo lugar, y Rob en el sexto. Salió entonces a relucir una comparación que ya se había escuchado tres años antes. Hablando acerca del impacto mediático de Rob, *SNM* comentaba que: «A juzgar por la expectación que rodea la película, seguro que cuando por fin se estrene [...] y empiece a generar dinero en taquilla, Pattinson irá camino de convertirse en el nuevo Jude Law».

Lo cierto es que en aquel momento era cada vez más evidente que superaría con creces a Jude Law: éste no había provocado la histeria que perseguía a Rob a todas partes ni siquiera en el momento culminante de su popularidad. Rob estaba en otra órbita, y el respaldo de *SNM* era buena prueba de ello: no había duda de que tenía por delante una carrera espectacular.

Pronto hubo nuevos indicios de que los tres protagonistas de *Crepúsculo* (Rob, Kristen y Taylor) empezaban a moverse en el nivel estratosférico de las superestrellas. Se anunció que en otoño aparecerían en los premios de vídeo y música de la MTV: un programa de máxima audiencia al que sólo podían aspirar los verdaderamente famosos. Daba la impresión de que nada podía impedir que aquel fenómeno cinematográfico acabara dominando el mundo entero.

Al hilo de esto, a fines del verano se hizo pública una noticia interesante. El estreno de la nueva película de Harry Potter (*Harry Potter y el príncipe mestizo*) estaba previsto para noviembre, unas semanas antes que el de *Crepúsculo*. Pero de pronto se anunció que la película llegaría finalmente a las pantallas en verano de 2009, después del estreno de *Crepúsculo*, previsto para el 21 de noviembre de 2008. Surgió entonces un encarnizado debate acerca de si este cambio de fechas se debía a que los responsables de la película temían la competencia con *Crepúsculo*, cosa que ambas partes negaron rotundamente.

Aun así, la situación llegó a tal extremo que Stephenie Meyer se sintió obligada a referirse a ello en su blog: «Muchos habréis oído decir que el estreno de la sexta película de Harry Potter, *Harry Potter y el príncipe mestizo*, se ha pasado del día de Acción de Gracias de este año al verano que viene. En primer lugar, quiero dejar claro que ese cambio de fechas no tiene absolutamente nada que ver con *Crepúsculo*, conmigo o con Summit Films (así que se acabó soltar veneno en imbd [Internet Movie Database], ¿de acuerdo?). Se trata de una decisión de la Warner Bros que no ha sido motivada por *Crepúsculo* ni por nada relacionado con la película». El tono era ligero, pero las implicaciones claras: los fans de Harry Potter estaban que echaban chispas.

Llegó octubre y se armó otro revuelo al anunciarse el tema principal de la banda sonora de la película, que grabaría Paramore, un grupo de Tennessee que, desde su formación en 2004, se había metido al público adolescente en el bolsillo. Su líder y cantante es Hayley Williams, que también toca los teclados. El resto de sus miembros son Josh Farro a la guitarra, Jeremy Davis al bajo y Zac Farro a la batería. A Hayley, que es fan de *Crepúsculo*, le entusiasmó la idea de participar en la película. Como contó en la MTV: «*Crepúsculo* es la primera serie de libros que he leído. *Harry Potter* no me enganchó, aunque las películas me encantan. *Crepúsculo* me atrapó de verdad y consiguió mantener mi atención hasta el final. Estoy muy contenta de que vaya a adaptarse el libro al cine y muy emocionada por que nuestra banda vaya a formar parte de ese fenómeno».

Hayley continuaba explicando que *Decode*, el tema principal, estaba inspirado en la historia de Edward y Bella. «Elegí *Decode* [*Descifrar*] como título porque la canción trata de la tensión creciente, de las dificultades, la rabia y la confusión que hay entre Bella y Edward. Bella es la única persona a la que Edward no puede leer el pensamiento y creo que de eso trata en gran parte el primer libro; es uno de los obstáculos que deben superar, un elemento de tensión añadida que hace que la historia sea aún mejor.»

139

El vídeo de la canción debía salir unas tres semanas antes del estreno de la película, e incluiría paisajes y escenas de ésta. Era literalmente música para los oídos de los fans y formaba parte de la gigantesca maquinaria publicitaria puesta en marcha para promocionar el film.

Tras anunciarse que Paramore firmaría el tema principal de la película y unas seis semanas antes de la fecha prevista para el estreno de *Crepúsculo*, Summit hizo público por fin el listado completo de la banda sonora. No es ningún secreto que la música tuvo una importancia esencial en la creación de la serie, de modo que a nadie extrañó que tanto el estudio como las fans demostraran un enorme interés por aquel aspecto de la película.

En primer lugar, la propia Stephenie Meyer creía que la música había desempeñado un papel tan significativo en la escritura de los libros que a menudo, en el capítulo de agradecimientos, mencionaba a los músicos que le habían servido de inspiración: entre ellos, Linkin Park, Travis, Coldplay o My Chemical Romance. Sus mayores alabanzas, sin embargo, las reservaba para una banda cuyo nombre parecía elegido a propósito: Muse [«Musa»], a la que con el tiempo dedicaría *Amanecer*. «Hay en esta novela emociones, escenas e hilos argumentales que nacieron de canciones de Muse y que no existirían sin su genio», escribió, como ejemplo de su deuda con el grupo, al comienzo de *Luna nueva*.

En su página web iba aún más lejos: «No puedo escribir sin música. Unido al hecho de que escribir *Crepúsculo* fue una experiencia muy visual, muy cinematográfica, me impulsó a reunir mis canciones favoritas en una especie de banda sonora [personal] para el libro. Esa lista no está labrada en granito; cambia de vez en cuando. Pero, de momento, ésta es la música que suena en mi cabeza cuando leo el libro», y seguía la lista de canciones.

Así pues, la banda sonora estaba quizá más intrínsecamente unida al argumento, los personajes y la atmósfera general de la película que en cualquier otro film del pasado reciente. Los seguidores de la serie, que conocían la pasión y el respeto de Stephenie por la música, esperaban que los artífices de la película prestaran especial atención a la elección de la banda sonora original. La lista de temas era por este orden:

Muse: *Supermassive black hole*
Paramore: *Decode*
The Black Ghosts: *Full moon*
Linkin Park: *Leave out all the rest*
MuteMath: *Spotlight* (remezclada especialmente para *Crepúsculo*)
Perry Farell: *Go all the way (into the twilight)*
Collective Soul: *Tremble for my beloved*
Paramore: *I caught myself*
Blue Foundation: *Eyes on fire*
Rob Pattinson: *Never think*
Iron & Wine: *Flightless bird, american mouth*
Carter Burwell: *Bella's Lullaby*

En esta lista había un nombre muy conocido. De hecho, en la película aparecerían dos temas compuestos por Rob, lo cual, tratándose de un actor, era muy poco frecuente. *Never think* formaba parte de la banda sonora, pero *Let me sign* se oía en la propia película, al final de la escena de clímax de la escuela de ballet. «Sus dos canciones son fantásticas», comentó Catherine Hardwicke, la directora.

El encargado de componer el tema más relevante de la película, la nana de Bella, fue, sin embargo, otro músico. Es un pasaje breve pero crucial de la novela. Edward, al igual que Rob, sabe música (toca el piano) y compone la pieza para su gran amor, en parte para demostrarle que piensa constantemente en ella, y en parte para dar salida a sus sentimientos. La canción adquiere aún más importancia en la segunda novela, cuando Edward graba primero un CD como regalo para Bella y luego se lo oculta a ésta, intentando negar su existencia y convencerse de que deben mantenerse separados.

En la película (que tenía, como es lógico, un aura que le faltaba al libro), la nana ofrecía una oportunidad única para expresar la naturaleza de la relación entre los protagonistas y cautivar al público con una preciosa melodía. Puesto que Rob parecía haber encarnado a Edward con brillantez, se especuló con la posibilidad de que también pusiera en práctica otro de sus muchos talentos, el musical, y compusiera él mismo la nana. Al final, sin embargo, fue Carter Burwell, un veterano de la industria cinematográfica que había compuesto la banda sonora instrumental, el encargado de escribir la canción. De ese modo no habría discontinuidad entre la nana y el resto de los temas instrumentales de la película y se preservaría la coherencia temática de la banda sonora.

Se supo, sin embargo, que Rob había compuesto su propia nana, aunque ésta no llegara a publicarse. La había tocado en el rodaje, cuando filmaron por primera vez la escena en la que toca el piano, puesto que en aquel momento no disponían aún del tema de Burwell. Como de costumbre, se tomó con bastante filosofía que se eliminara su composición. «Volvimos a rodar la escena de la nana de Bella con otra música —explicó a la MTV—. El otro día oí la mía y me gustó mucho. Después me deprimí un poco, pero la nueva también me gusta. No la escribí yo; la escribió Carter Burwell. Encaja con el resto de la banda sonora instrumental, mientras que la mía iba completamente a su aire, así que me parece que tiene poca importancia, a no ser que alguien quiera verme tocar el piano en una secuencia de cinco minutos.»

Aunque la nana de Rob no pasara el corte, era muy emocionante que sus otras dos composiciones sí se incluyeran en la película. Era, de hecho, la primera vez que Rob grababa temas que se difundirían entre el público, a pesar de que llevaba años dedicado a la música, cosa de la que hablaremos más adelante.

El 10 de noviembre comenzó la «Gira de talentos de *Crepúsculo*»: diversos miembros del elenco harían apariciones para hablar de la película tanto en Estados Unidos como en ciudades de diversas partes del mundo elegidas especialmente para ello. Rob llevaba ya varios meses concediendo entrevistas, pero aun así era un trabajo muy estresante, sobre todo porque el reparto no hizo la gira en conjunto. Edi Gathegi (que interpretaba a Laurent), Rachelle y Taylor formaban trío, pero Rob y Kristen tuvieron que ir cada uno por su lado.

Rob había despertado un enorme interés desde el momento en que se anunció que iba a encarnar a Edward, pero de pronto la expectación que lo rodeaba pareció centuplicarse. Comenzaba a darse cuenta de que su vida había cambiado sin remedio. Apenas nueve meses antes podía moverse prácticamente en el anonimato; ahora, no podía salir de casa sin verse asaltado por sus fans. La Comic-Con, donde miles de chicas se desgañitaron sólo por estar cerca de su héroe, fue un buen ejemplo de ello. Ir de compras comenzaba a convertirse en un calvario.

Aquello podía resultar aterrador. Rob empezaba a desear volver a su vida de antes. Lo más irónico de todo era que en realidad no deseaba despertar tanto interés. Tímido y a veces introvertido por naturaleza, se estaba convirtiendo en un rompecorazones casi a su pesar. Muchos actores se pasan la vida intentando atraer hacia sí el foco que ahora iluminaba de lleno a Rob. Él, en cambio, no parecía querer ocupar ese lugar. El rodaje y la promoción de la película fueron tan laboriosos que no tuvo tiempo de sentarse a reflexionar sobre el hecho de que, de pronto, millones de personas lo consideraban posiblemente el hombre más atractivo del mundo. A veces, sin embargo, la intensidad y la locura de todo aquello le hacían mella.

«El otro día me asusté bastante», contó a FEARnet cuando visitó Filadelfia en el transcurso de la gira. «Cuando vuelva a Londres, lo único que habré hecho en todo el año [será ir] de ciudad en ciudad, oyendo cómo grita la gente y contestando a preguntas como: "¿Qué se siente al interpretar a la persona más bella del mundo?". Cuando vuelva y me ponga a hablar con mis amigos, tendré que decirles: "Alguien me preguntó cómo era interpretar a la persona más bella del mundo y luego entré en una sala y había cinco mil personas chillando". Me da la impresión de que ya no tengo nada de qué hablar con mis amigos. Va a ser muy duro cuando vuelva a casa.»

Empezaba a cobrar conciencia del dilema al que se enfrentan todos aquellos que pasan de ser muy conocidos a experimentar por primera vez la fama masiva. Sus amigos eran de vital importancia para él; lo mantenían con los pies en la tierra, pero no podían hacerse una idea de lo que Rob estaba viviendo en ese momento. Sólo los otros miembros del reparto (espe-

143

cialmente Kristen) podían saber cómo era su vida ahora. Debido a su popularidad creciente, la gente empezaba a cambiar de actitud hacia él. Le gustara o no, salvo entre la elite de Hollywood, Rob ya no era «uno de los nuestros». Y él también empezaba a notarlo.

«Todo esto es tan nuevo para mí que en realidad no puedo estar harto —contó en FEARnet—. La verdad es que no se me está subiendo a la cabeza porque ni siquiera sé muy bien qué está pasando. Es muy raro que la gente te trate de forma tan distinta en un espacio de tiempo tan corto. Cuando invitas a alguien a cenar, te preguntan: "¿En serio quieres?". Y tú dices: "Pero ¿qué dices? ¿Por qué iba a pedírtelo, si no?". Tiene gracia, pero pasan esas cosas.»

Y pasaban cada vez más. Rob, pese a todo, conservaba su sentido del humor. Cuando *Metromix Baltimore* le preguntó hasta qué punto se consideraba irresistible, él contestó: «Pues no lo sé. No creo que lo sea mucho. Tiene gracia: si eres un tío al que la gente considera poco atractivo, el secreto es que Stephenie Meyer diga públicamente a través de su página web que eres guapísimo, y todo el mundo cambia de idea». Seguía resistiéndose a reconocer su propio atractivo: lo cual, naturalmente, sólo aumentaba su capacidad de seducción.

La semana previa al estreno de la película, *Entertainment Weekly* volvió a sacar a Rob y a Kristen en portada. Rob parecía menos un vampiro y más un ser humano normal. Dentro había una selección de fotografías exclusivas. En los cines, las entradas para el fin de semana del estreno se agotaron rápidamente con varias semanas de antelación.

Y así amaneció por fin el 17 de noviembre de 2008, el día previsto para el estreno en Estados Unidos. La expectación que rodeaba a este acontecimiento era tal que tanto el reparto como el público vivían desde hacía tiempo con los nervios de punta. Fue un alivio, por tanto, que el Día D (¿o habría que decir más bien el Día C?) llegara por fin. Al menos, una vez estrenada la película, Rob y todos los demás podrían volver a la normalidad. (En el caso de Rob, no sería así, pero al menos su trabajo estaría ya en la calle y cesaría la preocupación constante por saber qué iba a pensar la gente.)

El Mann Village Theater de Los Ángeles, donde tuvo lugar el estreno (como explicábamos ya en el primer capítulo de este libro), estaba muy acostumbrado a la histeria de las fans. Pero lo que sucedió aquel día superó con creces todo lo anterior. Más tarde se acuñaría un nuevo término para designar el impacto que estaba teniendo la película: *fangdemonium* [de *fang*, «colmillo» en inglés], en lugar de pandemónium. Y eso fue lo que vivieron Rob y el resto del reparto al pisar la alfombra roja esa noche, y en todos los demás estrenos de la película alrededor del mundo, durante las semanas siguientes.

En efecto, la respuesta del público fue la misma en todas partes. La película recibió el visto bueno general, tanto por parte de los fans como de la crítica. Al verla, no es de extrañar. El trabajo de Rob colmaba (y rebasaba) todas las expectativas. Y la tan cacareada química entre Kristen y él resultaba innegable: cuando aparecían juntos en pantalla, parecía haber entre ellos una corriente eléctrica que los unía como un pegamento invisible.

Rob había acertado de lleno en su interpretación del personaje. Había un asomo de amenaza en su forma de moverse, incluso con Kristen, a veces. Los otros Cullen y él permanecían apartados del resto de los alumnos del instituto, no sólo por su llamativo aspecto, sino debido a un distanciamiento que dejaba claro que pertenecían a otra esfera. La belleza del film (especialmente de la escena en la que Rob/Edward se expone a la luz del sol y su piel comienza a resplandecer) tenía un componente poético. Hasta la ciudad de Forks parecía un lugar exuberante.

Aquello suponía un paso adelante para Rob también en otros sentidos. En Harry Potter había interpretado a Cedric, un chico de catorce años, un alumno de colegio privado ligeramente relamido que se convierte en rival amoroso del protagonista. Ahora, Rob (que ya no era un niño, sino un hombre) había alcanzado su plenitud. Edward era un hombre apasionadamente enamorado, un adolescente en virtud de sus diecisiete años, quizá, pero capaz de desplegar una madurez y una hondura de sentimientos que Rob nunca antes había podido plasmar en pantalla. El talento que demostró al hacerlo acalló

145

definitivamente a sus detractores. Todo indicaba que tenía una larga carrera por delante.

La crítica estaba de acuerdo. «Serio y crispado, un Heathcliff para adolescentes, [Edward] es también un superhéroe biónico que aparece de la nada para salvar a la chica de las garras de rugientes villanos y que sólo tiene que estirar su brazo impecablemente musculoso para detener coches que amenazan con aplastarla», escribía Sukhdev Sandhu en el *Daily Telegraph*, y añadía de la película en general y de su directora: «Hardwicke, en cambio, comprende que la novela bebe del anhelo de una forma de amor más honda y más rica que cultiva un tipo concreto de adolescentes, y que sólo parece masoquista y deprimente para quien lo contempla desde fuera. Vi *Crepúsculo* en un cine repleto de chicas jóvenes que se reían por lo bajo, que suspiraban y exhalaban con una pasión que no sólo resultaba enternecedora, sino que ponía de manifiesto la veracidad emocional de la historia».

Chris Tookey, del *Daily Mail*, también se declaraba fan de la película: «El personaje al que interpreta [Rob], Edward Cullen, un vampiro de instituto que intenta controlar sus ansias de carne fresca adolescente, es un lord Byron de nuestro tiempo: no es malo, ni está loco, pero conocerlo entraña sus riesgos». Y después añadía: «La película está tan en sintonía con el espíritu de nuestros tiempos que lo que yo opine de ella es irrelevante: de todos modos, será un éxito. Pero lo cierto es que, como relato de amor prohibido y tórridos preliminares prácticamente inacabables, la película da en el clavo: es como *Dirty dancing* sin conflictos de clase, o como *High school musical*, pero sin sexo».

Trevor Johnston opinaba en *Time Out*: «Cuesta trabajo no interpretar la película como una metáfora un tanto siniestra de los peligros de la fornicación y las maravillas de la abstinencia, pero al mismo tiempo hay algo irresistiblemente delicioso en la satisfacción siempre esquiva del deseo. Con las sombrías y brumosas montañas como telón de fondo, los protagonistas saben sacar chispas de la tensión eléctrica que crean sus semibesos».

James Christopher, del *Times*, se mostraba asimismo im-

146

presionado: «*Crepúsculo* es una película de educación sexual sobrenatural para góticos enfermos de amor, una fábula delirante acerca de Bella (Kristen Stewart), una adolescente pálida y enfurruñada que se enamora de un chico aún más pálido y enfurruñado, en su nuevo y sombrío instituto, en medio de la nada y de un diluvio constante». Además escribía: «[La película] es de una angustia exquisita […] Edward desahoga su frustración con gamberros del pueblo que cometen la estupidez de asaltar a su novia en callejones oscuros. Las acrobacias sobrenaturales no defraudan. Ni el humor impasible».

En Estados Unidos, las críticas fueron algo menos positivas. Había acuerdo general en que la película era un tanto sensiblera, pero ¿qué importaba? *Crepúsculo* estaba cosechando un gran éxito, como estaba previsto, y en general todo el mundo opinaba que, en la gran pantalla, Rob era el Edward perfecto. A veces juguetón, a veces ensimismado, cumplía a la perfección la difícil tarea de transmitir la dualidad del personaje: un adolescente enamorado que al mismo tiempo es una criatura ancestral impulsada por la sed de sangre. Su acento americano era impecable (cuando en una entrevista le preguntaron qué era más difícil, si interpretar a un ser sobrenatural o a un americano, se decantó por lo primero), y la intensidad de las emociones que lograba plasmar respetaba absolutamente el tono de la novela.

147

En una o dos reseñas se decía que la química entre Rob y Kristen dejaba que desear, lo cual era absurdo: entre ellos saltaban chispas. Rob comentó en repetidas ocasiones cuánto admiraba a su compañera de reparto y hasta qué punto su interpretación del papel de Bella había servido para involucrarlo en la película: tanto, de hecho, que corrió el rumor de que sus sentimientos hacia ella iban más allá de lo estrictamente profesional.

El único problema al respecto era que Kristen ya tenía novio. Se llamaba Michael Angarano y, al igual que ella, se había iniciado en la actuación siendo muy joven. Nacido el 3 de diciembre de 1987 en Nueva York, apareció por primera vez en la gran pantalla en *Casi famosos*, a los trece años, pero se dio a conocer con *El rincón de los secretos*, en 2002. Dos años después apareció en la película *Speak*, con Kristen como coprotagonista. Poco después se hicieron inseparables. Su relación duró cinco años y seguía siendo sólida en el momento de estrenarse *Crepúsculo*. De ahí que tanto Kristen como Rob se apresuraran a negar que hubiera algo entre ellos, aunque, como es habitual, tal desmentido no bastó para acallar los rumores. Naturalmente, a la película no le hizo ningún daño que se rumoreara que sus protagonistas estaban liados también fuera de la pantalla.

Aparte de ésta, la única manzana de la discordia en lo relativo a la película fue más bien un indicio de la relajación moral propia de los tiempos en que vivimos: dado que es peligroso que Bella y Edward se besen (por no hablar de otras cosas), hubo quien interpretó la película como un ejercicio de propaganda de las creencias religiosas de Stephenie. Puede que lo fuera, pero esos críticos erraron el tiro al no comprender la potencia de los sentimientos que puede engendrar el deseo frustrado.

Al margen de las críticas, buenas y malas, la película desataba pasiones entre el público. Los actores viajaban por el mundo, vivían en hoteles, siempre con la maleta a cuestas, asistían al estreno en diferentes idiomas y zonas horarias. Rob estaba muy lejos de casa. Y a veces todo aquello parecía abrumarlo: «Llevo tres semanas saltando de una ciudad a otra por todo el mundo, yendo a eventos programados en los que todo el mundo chilla y chilla», contó al *Daily Mirror* como si, más que una joven estrella del celuloide, volviera a ser el niño al que sus hermanas disfrazaban y llamaban Claudia. «Cada vez me pongo nervioso y cada vez me entran sudores fríos. Dudo que esté preparado [para el estrellato]. En Italia, me eché a llorar sin querer.»

Pero ¿qué podía hacer? Ésa era ahora su vida. Y, en el fondo, no habría querido cambiarla, de haber podido. A pesar del estrés que le ocasionaba la atención mediática que recibía, empezaban a presentársele oportunidades con las que antes ni siquiera podía soñar. Y, además, todo aquel revuelo acabaría por disiparse.

¿O no? ¿Brillaría acaso su estrella más que antes?

10

¿Quién sale con quién?

$\mathcal{M}$ ientras 2008, el año más decisivo de su vida, tocaba a su fin, el interés por Rob no dejaba de crecer. *Crepúsculo*, la película, había cumplido por entero las expectativas de los seguidores del libro, y los preparativos para la segunda entrega de la serie, *Luna nueva*, ya se habían puesto en marcha.

Rob se hallaba sometido a un constante escrutinio, especialmente en lo relativo a su vida amorosa: aunque se empeñaba en afirmar que no tenía pareja, los rumores que lo relacionaban con Kristen eran constantes. La propia Kristen, que seguía saliendo con Michael, empezaba a parecer enfadada: «He hecho un amigo al que quiero mucho y eso vale más que nada», replicaba. También Rob se mostraba algo molesto cuando le preguntaban por aquellas habladurías: «Lo de la productora es ridículo —declaró en una entrevista para el *Times*—. Siguen negándose a desmentirlo. Se limitan a decir: "Sin comentarios". Y nosotros: "Que no, que no estamos juntos"».

A decir verdad, el de su «relación» con Kristen no era el único rumor que circulaba. A Rob se lo relacionó con muchas otras mujeres, entre ellas la modelo brasileña Annelyse, *Anne*, Schoenberger, su compañera de reparto Nikki Reed, Erika Dutra, Paris Hilton, Natalie Portman, Megan Fox, Camilla Belle, Shannon Woodward, o cualquier otra con la que se cruzara por el camino. Le preguntaban constantemente si se había enamorado alguna vez (a lo que él siempre contestaba con vaguedades) y en cierto momento pareció desistir por completo de tener pareja: «No veo a nadie —contó a la revista *GQ* en marzo de 2009—. No tengo el teléfono de nadie. Casi se me quitan las ganas de tener novia en este ambiente». Las *groupies* podían haber sido una posibilidad, si se hubiera sentido inclinado a ello, dada la cantidad de mujeres que se arrojaban a sus pies, pero la sola idea parecía espantarlo.

Monica Weller, su tía, dio algunas pistas al respecto. En Inglaterra, su familia observaba la creciente popularidad de Rob con una mezcla de orgullo y preocupación, consciente de las diversiones que se le ofrecían. Sin embargo, eso era un peligro. Nadie esperaba que Rob viviera como un monje, pero los jóvenes a los que se les ofrecen tales oportunidades, y tan de repente, emprenden a menudo el camino de la autodestrucción. Monica, sin embargo, no creía que Rob corriera ese peligro, como contó al *National Enquirer*: «Creo que ya de pequeño había indicios de que iba a convertirse en un rompecorazones. Siempre ha sido muy guapo, y tiene ese algo especial que llama la atención. Pero al mismo tiempo es un chico muy normal, educado y encantador, y creo que eso a las chicas les parece muy atractivo. [Nuestra familia] fue educada para no ceder a ese tipo de tentaciones. La fuerza de carácter de Rob procede de su familia; la lleva en los genes».

Naturalmente, nadie creía que aquel joven espectacularmente guapo no tuviera pareja. Sin duda las mujeres hacían cola para dejarse ver cogidas de su brazo. Rob se refirió a esta cuestión en una entrevista con el *Daily Mirror* en la que afirmó que su popularidad le hacía difícil pensar en una relación de pareja: «Ahora mismo no salgo con nadie. Pero es curioso: si intentas ligar con alguien, siempre te dicen: "Eres actor. Seguro que vas por ahí acostándote con todas". Así que la fama tiene el efecto contrario al que cabría esperar».

El rumor que no acababa de disiparse era, sin embargo, que estaba enamorado de Kristen y que confiaba en que su relación llegara a mayores. Todo el mundo (incluidos Rob, Kristen y Catherine Hardwicke) habían hablado de la química que había entre ellos, y a menudo la química que hay en pantalla se da también fuera de ella.

Kristen y Rob habían forjado un vínculo durante el rodaje de la película. Kristen ya era bastante conocida con anterioridad, y Rob ya había experimentado la histeria de los fans con

Harry Potter. Crepúsculo, sin embargo, era otra cosa. Ninguno de ellos había tenido que vérselas antes con un interés tan intenso como el que despertaba el film (y más aún sus protagonistas). En muchos sentidos, sólo ellos podían saber lo que estaba viviendo el otro. Y hay relaciones de pareja con menos fundamento que ése.

Rob, desde luego, aprovechaba cualquier oportunidad para piropearla. «Kristen es genial —dijo en declaraciones a *Random Interview*—. Es una de las principales razones por las que quería hacer la película: sus trabajos anteriores y la prueba hicieron que cambiara radicalmente de opinión. Antes de la prueba, no tenía ni idea de cómo encarar el papel. Kristen es una actriz con un talento extraordinario.» Tenía, además, una personalidad muy fuerte, y Rob había dicho en otras ocasiones que ése era uno de los rasgos que más lo atraían en una mujer.

Nada indicaba que el interés por ellos fuera a decaer. En cuanto se constató el éxito de *Crepúsculo*, comenzaron los preparativos para llevar *Luna nueva* a la pantalla. La noticia de que Catherine Hardwicke no se haría cargo de la dirección causó cierta decepción. Al parecer, deseaba tener más tiempo para prepararse, mientras que Summit quería poner en marcha la película cuanto antes. Todos, sin embargo, hicieron hincapié en que su relación seguía siendo buena.

Erik Feig, el presidente de producción de Summit, en una de sus muchas declaraciones acerca de los acontecimientos que rodeaban la película, manifestó: «Catherine hizo un trabajo magnífico a la hora de ayudarnos a lanzar la franquicia. Le estamos muy agradecidos por todos sus esfuerzos y confiamos en volver a trabajar con ella en futuros proyectos. Como estudio, tenemos la obligación de llevar la siguiente entrega de la serie a la gran pantalla a tiempo para que las fans puedan disfrutar de nuevo de Edward, de Bella y de todos los personajes que ha creado Stephenie Meyer. Podemos plantearnos un plazo ambicioso porque tenemos el lujo de adaptar las novelas en forma de guion cinematográfico, en vez de tener que crear una historia desde cero». En otras palabras, querían seguir adelante.

Y así lo hicieron. *Crepúsculo* ocupó directamente el núme-

151

ro uno de la taquilla estadounidense: recaudó setenta millones de dólares (fue la película más taquillera jamás dirigida por una mujer) y desde entonces ha sumado más de 340 millones de dólares en todo el mundo. Batió también récords en cuanto a reserva de entradas antes de su estreno en Estados Unidos: ocupó el tercer puesto, por detrás de *El caballero oscuro* y *Star wars episodio III: la venganza de los sith*. Así pues, Summit tenía motivos de sobra para querer aprovechar el tirón de la película (y de sus protagonistas).

Al igual que sucedió en el caso de *Harry Potter*, la cuestión de la edad de los personajes influyó decisivamente en la planificación de la serie. A los veintidós años, Rob podía pasar por un chico de diecisiete, pero era de esperar que su aspecto, como el del resto del reparto, cambiara al hacerse mayor. No importaba en lo que concernía a Bella y a los demás humanos de la película, pero se suponía que los vampiros conservaban eternamente la edad que tenían cuando fueron transformados. Estaba claro que Summit tenía que aprovechar la ocasión, antes de que los vampiros de la película se convirtieran en versiones más maduras de sí mismos.

Entre tanto, Rob empezó a cosechar toda clase de alabanzas por su trabajo en la película. Más o menos en el momento de estrenarse la película, *Entertainment Weekly* publicó su lista de las diez grandes estrellas en ciernes del año 2008: Rob figuraba en primer lugar, seguido por Demi Lovato, Russell Brand, Estelle, Shailene Woodley, David Cook, Tristan Wilds, Kat Dennings, Chelsea Handler y Angel. Era éste un puesto muy prestigioso que sin duda no dañó su posición en Hollywood, donde el éxito de taquilla (ese otro gran indicador) parecía haberle asegurado ya un gran porvenir.

En Estados Unidos, *TV Guide* lo nombró actor revelación de 2008 (Kat Dennings figuraba como su homóloga femenina). En el Reino Unido, la revista *Hello!* hizo lo propio, esta vez mediante votación popular: Rob sumó dos tercios de los votos. Ocupó asimismo el décimo lugar de la lista de las celebridades más buscadas de AccessHollywood.com, y el número quince en la lista de las estrellas más candentes de MuchMusic.com. Recibió el premio Nuevo Hollywood en el festival de cine de

Hollywood. La revista *Trendhunter* lo nombró «hombre del momento». El *Huffington Post* lo incluyó en su lista de tendencias dominantes de 2008, y Standard.net en la de los cinco mejores actores de ese año. *USA Today* lo destacó como uno de los debutantes más aclamados de 2008, junto con Barack Obama. Parecía que Rob no hacía nada mal.

Se resistía, sin embargo, a dejarse arrastrar por todo aquello y afirmaba ser el de siempre. La gente, decía, admiraba la novela y al personaje de Edward, no a él. «A la gente joven que consigue un gran éxito se le da mucho bombo —declaró para *Philly Daily News*—. Se lo creen y enseguida todo el mundo empieza a menospreciarlos. Yo tengo la sensación de que hay algo que me empuja sobre lo que no tengo absolutamente ningún control.»

No se trataba únicamente de modestia, sino de instinto de supervivencia. Rob se refería constantemente a su miedo a las multitudes y a lo mucho que odiaba verse acosado. Sus apariciones públicas eran un calvario. Llegó a confesar que a veces le daban ganas de levantarse y ponerse borde. Pero, naturalmente, eso equivaldría a un suicidio. Y aunque ser el centro de tanta atención podía ser, a veces, agotador, Rob era muy consciente de que se le había ofrecido una oportunidad única. Sabía que, si lograba salir indemne de aquel revuelo, su carrera como actor estaría asegurada de por vida.

Lo mismo podía decirse de su situación económica. No se hizo público cuánto había cobrado por interpretar a Edward, pero es lógico pensar que su sueldo alcanzaba las siete cifras, aunque él negara repetidamente que hubiera cobrado doce millones de dólares (ocho millones de libras esterlinas): «Si me hubieran pagado doce millones de dólares, andaría por ahí desnudo». Aun así, había conseguido la independencia económica siendo aún muy joven, lo que a su debido tiempo le permitiría volver a trabajar en proyectos más pequeños, si le apetecía. Y lo que era aún más importante: no se había vuelto loco ni iba por ahí gastando dinero a mansalva: la frugalidad que había demostrado anteriormente, al adoptar un estilo de vida muy modesto pese a su lucrativa carrera como modelo, seguía estando presente.

153

Rob se había convertido en una gran estrella y su presencia se requería en todas partes. Tenía, por otro lado, la suerte de poder escoger sus papeles. Después de *Crepúsculo*, firmó, como es lógico, para hacer *Luna nueva*, pero, aparte de ésta, la única película por la que se interesó fue *Parts per Billion*, junto a Dennis Hopper, aunque una coincidencia de fechas de rodaje lo obligó a retirarse del proyecto.

Rob tenía, en definitiva, el mundo a sus pies. Pero ello también conllevaba sus inconvenientes. Había indicios de que no llevaba bien todo aquella atención mediática. Seguía lidiando con ciertos aspectos de su súbita fama: «Ya no me apetece salir —contó a TheImproper.com—. Da mucha vergüenza ver fotos tuyas en el aeropuerto cuando estás horroroso». Sus fans, naturalmente, no pensaban que estuviera horroroso, pero su humildad natural lo inducía a creer que no podía ser el portento de belleza que todo el mundo decía que era.

En realidad, sin embargo, lo más difícil de ser una gran estrella no eran las fotografías (supuestamente escabrosas) que le hacían todos los días los paparazis. A Rob nunca le habían gustado las multitudes, y ahora no podía librarse de ellas por la sencilla razón de que se formaban allá donde iba.

«La gente me aborda en público; me piden que los muerda y quieren tocarme el pelo —dijo en declaraciones (un tanto histéricas, para ser sinceros) al *Daily Star*—. No quiero que alguien me pinche con una aguja y me contagie el sida, ni que me disparen o me apuñalen. Se trata de mi vida.» El estreno de la película en Los Ángeles le había dejado una profunda impresión. «Pensé: "Dios mío, ¿y si vuelan el cine?".» Puede que fuera esto lo que le impulsó a cortarse el pelo casi a cepillo justo antes de Navidad. Teniendo en cuenta lo célebre que era su melena, aquello dio lugar a titulares en todo el mundo.

Sus compañeros de reparto eran conscientes de la presión que soportaba. Ellos también se veían sometidos a constante observación, aunque no en la misma medida. Ashley Greene, la actriz que hace de Alice, se compadecía de él: «El pobre Rob ya es como un Beatle —dijo sagazmente en declaraciones a la revista *Nylon Guys*—. Toda su vida está documentada. Si se mete el dedo en la nariz, sale en todo Internet. Está hecho polvo».

154

Pero, naturalmente, ni siquiera los Beatles habían pasado por eso. En sus tiempos no había Internet, de modo que sus actos no se convertían en noticia inmediatamente, lo cual no puede decirse de Rob. Además, los Beatles eran cuatro: podían darse ánimos entre sí y repartirse la adulación de las fans para que no recayera sobre uno solo.

Pese a todo, salvo algún estallido ocasional, Rob lograba salir airoso de la situación. Su familia estaba empeñada en que no perdiera el norte, y no lo perdía; de algún modo, mantenía la cabeza en su sitio. Su humildad y su sentido del humor eran cruciales en este sentido. Pero, además, Rob no había olvidado las reacciones negativas que surgieron al saberse que iba a dar vida a Edward. Sabía que estaba de moda; y sabía también que las modas cambian.

Tampoco estaba del todo solo. Kristen también era el centro de una enorme atención mediática, y aquello la ponía tan nerviosa como a Rob. Y era lógico, teniendo en cuenta que había un lado oscuro en la obsesión de las fans por la actriz que trabajaba codo con codo con su héroe. «[Si ves] más de tres chicas de cierta edad [juntas], huye», contó a un periódico estadounidense. «Las chicas son de temer. Cuando son muchas, me dan miedo. Están locas por él. Creo que la mitad de ellas están tan celosas que me odian.» Seguramente tenía razón. Primero, porque muchas fans confundían a los actores de la película con sus personajes; y, segundo, porque esos rumores acerca de Rob y de ella persistían. A él se lo relacionaba todavía con otras mujeres, pero esas historias no parecían cuajar: ninguna de ellas llegaba a convertirse en una verdadera relación de pareja. Las habladurías seguían en circulación.

Como telón de fondo a todo esto, la maquinaria de *Crepúsculo* había vuelto a ponerse en marcha. El elegido para dirigir *Luna nueva* era Chris Weitz, en cuyo haber figuraban títulos como *American pie, Un niño grande* o *La brújula dorada*. Había cierta preocupación entre las fans en relación a que, debido a su condición de hombre, Chris no entendiera la perspectiva de Bella, cosa que él mismo se apresuró a negar. En una carta a las fans de *Crepúsculo* publicada en la página web de Stephenie Meyer, escribió: «A quienes dudan de que, por ser hombre,

155

sea capaz de entender la experiencia de Bella, sólo puedo decirles que la emoción es universal y que en mi trabajo he tenido que colaborar a menudo con algunas de las actrices con más talento del mundo. Por lo demás, antes de juzgar la calidad de un dulce, hay que probarlo».

Cuando los preparativos de la película comenzaron en serio, el foco de atención pasó, al menos en parte, de Rob a Taylor Lautner. A fin de cuentas, Edward abandona a Bella al principio del libro y no vuelve a aparecer casi hasta el final, cuando cree que ella ha muerto y decide quitarse la vida. El argumento se centra en gran medida en la creciente amistad entre Bella y Jacob, una relación que acabará convirtiendo a éste en rival amoroso de Edward. Rob/Edward tiene mucha menos presencia que en la entrega anterior. En cierto modo, tal cosa debió de suponer un alivio.

La historia era bastante más oscura que su predecesora. Bella y Edward se pasaban toda la novela y la película en estado de desesperación, y hasta cuando volvían a reunirse pesaba sobre ellos una amenaza. Por otro lado, la certeza de que sólo podrán estar juntos si Bella renuncia a su condición humana se concretaba de la manera más cruel. Rob, naturalmente, percibía el lado melancólico de todo ello: «Casi toda la novela es increíblemente deprimente —declaró a Reuters—. Está claro que *Crepúsculo* trata sobre el hallazgo del primer amor y sobre las dificultades que entraña. *Luna nueva*, en cambio, trata sobre el desamor y la reconciliación. Pero la reconciliación no se completa. Es una historia muy extraña para un público que, en mi opinión, quiere ver una historia de amor». Claro que, en última instancia, *Luna nueva* era una historia de amor, sólo que con un giro muy poco frecuente.

A principios de 2009 se fijó la fecha de estreno de *Sin límites*, la película de Rob sobre Dalí. Fue entonces cuando se metió en un lío por referirse a ella como a una «peliculita». Evidentemente, no pretendía que su comentario sonara despectivo: también hizo una reflexión muy meditada sobre la vida de Dalí y acerca del papel que interpretaba en el film. Incluso establecía una comparación entre Dalí y Edward Cullen: «Creo que los dos estaban aterrorizados —dijo en una entrevista para *The Independent*—. Sobre todo Dalí. Tenía muchísimas inhibiciones sexuales. En muchos sentidos era un tullido. Si uno lee algo de su autobiografía de juventud, es horrible […] la cantidad de angustia mental que tenía que superar para mantener cualquier relación que fuera vagamente sexual. Es muy deprimente ver lo que pasaba por su cabeza […] Me parecía mucho más importante que en trabajos anteriores no traicionar ni ofender la memoria de nadie».

Trabajos importantes aparte, Rob descubrió que en febrero de 2009 había una serie de fechas cruciales en su agenda: acontecimientos que sellarían definitivamente su estatus de superestrella. Febrero es la temporada de los premios tanto en Inglaterra como en Estados Unidos. Rob nunca había tenido mucho que ver con ella, pero era inevitable que un actor de su categoría se sumara al circuito. Así pues, primero tuvo que ir a Londres para asistir a los BAFTA (donde volvió a encontrarse con Emma Watson, su compañera de reparto en *Harry Potter*) y luego cruzó de nuevo el Atlántico para la gran ocasión: ese año, asistiría a la entrega de los Óscar.

157

De hecho, le habían pedido que presentara uno de los premios, a lo que él reaccionó con estupor. «Es una locura —declaró a MTV News mientras se paseaba por la alfombra roja, antes de entrar en el teatro Kodak de Los Ángeles—. Cuando me lo dejaron caer, dije: "No, no, no, me estáis tomando el pelo. O voy a tener que hacer alguna idiotez, como dejarme embadurnar con pintura verde o algo así."»

En realidad, la ceremonia de los Óscar de ese año fue un paso más en su transición de estrella adolescente a icono global. Los organizadores de la ceremonia estaban decididos a contar con Rob, convertido ya en el actor más deseado del planeta, pero, para crear mayor expectación, no confirmaron quién presentaría los premios hasta un par de días antes de la ceremonia. No fue ninguna sorpresa que Rob estuviera entre los elegidos. Esto supuso, sin embargo, la verdadera confirmación de su creciente poder y presencia en Hollywood.

Era la primera vez que asistía a la entrega de premios, y otra prueba de lo lejos que había llegado: a su alrededor se hallaban algunos de los hombres y mujeres más famosos del mundo. Los Óscar son siempre, más que cualquier otra cosa, un desfile de moda, y ese año no fue una excepción: aquí, Penélope Cruz (que ganó el premio a la mejor actriz de reparto por su papel en *Vicky Cristina Barcelona*) causaba sensación con un vestido *vintage* de Balmain en color blanco; allí, Beyoncé lucía palmito con un traje entallado, en negro y oro, de la firma House of Dereon. Sarah Jessica Parker iba de Dior *haut couture*; Anne Hathaway, de Armani Privé; Heidi Klum, de Roland Muret, en rojo; y Natalie Portman llevaba un vestido rosa de Rodarte. Por la alfombra roja se pasearon también Madonna, Jennifer Aniston, Meryl Streep, Nicole Kidman, Sophia Loren, Kate Winslet, el joven reparto indio de *Slumdog millionaire*, Brangelina... En definitiva, algunas de las personas más glamurosas y con más éxito del planeta.

Y sin embargo, todas las miradas estaban puestas en Rob, que, todo hay que decirlo, estaba muy guapo con su esmoquin. Era el invitado más solicitado: docenas de periodistas de cadenas de televisión de todo el mundo, acompañados por sus respectivos cámaras, aguardaban su turno para hablar con él. El joven actor se enfrentó a todo aquello con su habitual sentido del humor: cuando Fearne Cotton le preguntó si quería mandar algún mensaje a su familia y amigos, contestó: «Hola, mamá». Destacar en aquella compañía era un logro excepcional, una prueba más de que la fama de Rob, lejos de ser un fenómeno pasajero asociado a *Crepúsculo*, estaba destinada a perdurar.

Crepúsculo, naturalmente, no optaba a ningún premio, pero eso no era lo importante. Tampoco lo hacía *High school musical* y, sin embargo, Zac Efron también estaba allí esa noche como presentador: los organizadores querían *glamour* joven y fresco, y lo tuvieron. Hasta Hugh Jackman, el maestro de ceremonias de la gala, era un representante del joven Hollywood (pese a ser algo mayor que Rob y Zac), a diferencia de otros actores a los que había correspondido ese honor anteriormente. Rob debía presentar un «collage amoroso» de 2008, cosa que hizo junto a Amanda Seyfried, una de las progonistas de *Mamma mia*. Nadie había despertado mayores pasiones que Rob durante el año anterior; nadie, pues, tenía mejores credenciales para desempeñar esa labor.

La talla de los demás presentadores elegidos junto a Zac y Rob demuestra claramente qué posición ocupaba el británico dentro de la jerarquía de Hollywood. Jennifer Aniston entregó uno de los premios; Alan Arkin, Jack Black, Robert de Niro, Michael Douglas, Whoopi Goldberg y otras leyendas de Hollywood se encargaron del resto del palmarés. Rob empezaba a codearse con aquellos ídolos de igual a igual. Un año y medio antes, sólo unas pocas fans acérrimas sabían quién era: en ese tiempo, había dado un paso de gigante.

Para él, la experiencia resultó algo menos agotadora que otras apariciones anteriores. «[La gala] está mucho más organizada que un estreno de *Crepúsculo* —declaró—. En los estrenos, tienes la impresión de que te vas a morir.» Estaba claro que los gritos histéricos de las fans seguían haciéndole mella.

En la ceremonia de los Óscar, claro está, priman tanto el negocio como el *glamour*, y lo mismo puede decirse de las fiestas que se celebran después. Conocer gente y estrechar manos es tan importante para triunfar en Hollywood como salir en películas importantes, así que, después de los premios, había que asistir primero al Baile del Gobernador y luego a la fiesta que *Vanity Fair* celebraba en el hotel Sunset Tower, en West Hollywood, uno de los lugares más emblemáticos de la ciudad. «Tengo mucha clase», dijo Rob tras rechazar el champán para tomar, en cambio, una cerveza. En realidad, parecía sentirse completamente a sus anchas.

Y no es de extrañar, si se piensa en las circunstancias y en el tren de vida de las personas con las que se codeaba. Se hallaba rodeado de otras grandes estrellas que también tenían que lidiar con una adoración rayana en la histeria. Allí, más que en ninguna otra parte, la gente sabía cómo se sentía. Una de esas personas era Paris Hilton, siempre acosada por los medios. Según algunos espectadores, ella y su hermana Nicky persiguieron a Rob hasta el último rincón de la fiesta y «coquetearon agresivamente» con él. Pese a todo, la sospecha persistía: su corazón pertenecía a Kristen.

De hecho, Rob y Kristen compartieron el galardón al mejor beso de los Premios Cinematográficos de la MTV, entregados a fines de mayo. Una distinción que recogieron en persona. Su aparición en el escenario desató el delirio entre el público presente en el Gibson Amphitheatre de Universal City. Se acercaron poco a poco, los labios de Rob se entreabrieron, incitantes... y Kristen se apartó. «Muchísimas gracias», le dijo al público.

¿Querían dar a entender, quizá, que su relación había llegado a algo más? ¿Estaban enturbiando deliberadamente las aguas en un intento (muy eficaz) de mantener en ascuas al mundo entero? ¿Era una broma entre ellos? Ni Rob ni Kristen lo aclararon. Pero a eso las fans ya estaban acostumbradas.

La entrega de los premios de la MTV acabaría siendo una noche muy especial para *Crepúsculo*. El equipo ganó un total de cinco premios, incluido el de mejor película. Kristen fue distinguida con el de mejor actriz y Rob con el de actor revelación. La película ganó asimismo el premio a la mejor pelea por la escalofriante secuencia de la escuela de ballet. Todos estaban encantados con su cosecha de galardones, y aún más dispuestos a cumplir con las expectativas generadas por la inminente secuela de la película.

160

A este respecto, cabe decir que el rodaje de *Luna nueva* comenzó a finales de la primavera de 2009. Esta vez tendría lugar principalmente en Vancouver, Canadá. Rob, que empezaba a acostumbrarse a vivir con la maleta a cuestas, se instaló, por extraño que parezca, en una habitación sin ventanas del piso trece de un hotel. Allí se encontraba bastante a gusto. Decía, incluso, que no dejaba que las camareras del hotel entraran a cambiar las sábanas porque no quería que vieran lo que pululaba por allí. Naturalmente, la gran ventaja de una habitación sin ventanas es que nadie puede ver lo que hay dentro, lo cual, obviamente, le convenía.

Rob conservaba, pues, su sentido del humor. No soportaba pensar en lo famoso que se había hecho, le dijo a un entrevistador de *The Guardian*, y disfrazarse servía de poco. «Al contrario, cada vez llamo más la atención. Ponerse dos capuchas, gorra y gafas de sol resulta un poco chocante en plena noche. Así que estoy aprendiendo a esprintar.»

Compartía rodaje con el resto del reparto de *Luna nueva*, que naturalmente incluía algunas caras nuevas que habían levantado gran expectación. El actor británico Jamie Campbell Bower había sido elegido para encarnar a Caius, uno de los líderes de los Volturi. Curiosamente, su siguiente película tras acabar la segunda parte de la serie *Crepúsculo* sería la nueva entrega de *Harry Potter*: había sido seleccionado para interpretar a Gellert Grindelwald en *Harry Potter y las reliquias de la muerte*. Rob y él compartían, pues, un vínculo único entre actores: sólo ellos dos habían aparecido en ambas franquicias.

Entre los recién llegados se encontraban, además, Michael Sheen, que hacía de Aro, y Dakota Fanning, que interpretaba a Jane (ambos miembros del clan de los Volturi). Graham Greene, nominado a un Óscar, se unió también al elenco en el papel de Harry Clearwater, el amigo de Charlie. Con todos los actores en su sitio, las fans pudieron empezar a imaginar verdaderamente cómo sería la secuela.

Ese mes de mayo, Rob cumplía veintitrés años: se hallaba, por tanto, al borde del límite de edad marcado por Stephenie para el actor que diera vida a Edward. El papel, sin embargo, era ya tan suyo que resultaba inconcebible que pudiera encarnarlo otro. Rob celebró su cumpleaños con parte del equipo de la película en el Glowball Grill y el Satay Bar de Vancouver. Entre los invitados se encontraban Kristen, Ashley Greene y Jamie Campbell Bower.

Según *The People*, tras los cócteles de champán tomaron albóndigas de ternera kobe, cordero, bistecs, ensaladas y verduras a la parrilla: un menú que se hizo público porque los comensales eran observados por centenares de fans que se habían congregado a las puertas del restaurante. Alguien había colgado en Twitter dónde se hallaba Rob, y la noticia había corrido como un reguero de pólvora. Rob y sus compañeros salieron airosos, sin embargo, y el protagonista de la velada incluso posó con algunas de sus admiradoras antes de entrar en Afterglow, el bar del restaurante. Era el precio de la fama, y él se las arreglaba para no huir despavorido.

Volver a trabajar era un alivio. En el rodaje se hallaba hasta cierto punto protegido de los excesos de las fans, aunque continuara sometido a un intenso escrutinio. Seguían lloviéndole los superlativos. Las lectoras de la revista *Heat* lo eligie-

161

ron por votación el hombre vivo más *sexy*. *Vanity Fair* lo nombró el hombre más guapo del mundo, con el 51 por ciento de los votos de los lectores: de los dieciocho candidatos de la lista, el número dos era Nacho Figueras, con un 15 por ciento de los votos, y el tercero Brad Pitt, con un 12 por ciento. Rob no sólo ganó, sino que lo hizo por goleada. *People* lo incluyó en su lista anual de solteros ideales, apostillando: «Los colmillos son los nuevos pectorales». En el Reino Unido, ocupó el tercer lugar en la lista de los solteros más deseados de la revista *Company*. Lo sorprendente es que no encabezara la lista por delante del príncipe Harry y del presentador George Lamb.

Como había hecho con *Crepúsculo*, MTV News siguió de cerca el rodaje de *Luna nueva*. Según comentó el propio Rob, ambas películas tenían ritmos muy distintos: «Hay, desde luego, una diferencia de escala —dijo—. Me gustó hacer *Crepúsculo*, pero parecía una película *indie*, mientras que [*Luna nueva*] parece una película de las grandes».

En eso tenía razón. *Luna nueva* no sólo era una película de grandes proporciones: era una franquicia en toda regla, como las películas de *Harry Potter*, las de James Bond o las de Indiana Jones. Y aunque de momento esa franquicia se limite a cuatro novelas, Stephenie Meyer podría cambiar de idea y escribir otro libro sobre los Cullen. La serie cinematográfica tiene visos de seguir y seguir.

El cartel de la nueva película se hizo público ese mismo mes de mayo. En él, Jacob parece proteger a Bella mientras Edward los mira de soslayo: una metáfora del dilema al que se enfrenta ella en el transcurso de la película. El lanzamiento desató la euforia de las fans. Al mismo tiempo, Rob se dejaba ver en el 62.º Festival de Cannes, en cuyo paseo marítimo se sometió a una sesión fotográfica, sonriendo y revolviéndose el pelo. Las fotografías se convirtieron en noticia de portada en todo el mundo, como parecía suceder con casi todo lo que tocaba el joven actor.

Pero en la playa de la Croisette no sólo había fotógrafos: también había una bulliciosa muchedumbre de admiradoras a las que se mantenía a distancia, pero que, pese a todo, se acercaban a su ídolo en cuanto podían.

El sol caía a plomo sobre la playa del sur de Francia mientras Rob hablaba con la prensa acerca de la nueva película y sus progresos. Contó que se sentía ya más a gusto con la popularidad que había alcanzado: a fin de cuentas, llevaba más de un año así, y el estupor del principio había pasado. Era un placer trabajar en la nueva película, dijo, muy relajado: sobre todo, porque en la segunda parte de la historia el suyo era un papel secundario.

Cabe preguntarse cómo acogerán las fans su falta de protagonismo (en el momento de escribir estas páginas, la película no se había estrenado aún). Lo que quedó claro en la conferencia de prensa de Cannes fue que Rob había aceptado por fin que, le gustara o no, era el actor más deseado de su generación. Tal vez no creyera haber nacido para ello, pero estaba interpretando ese papel a la perfección.

Aunque empezaba a asumir su propia fama, las reacciones de las fans no dejaban de sorprenderlo. «Nunca deja de asombrarme —contó a *Metro* desde el rodaje—. Incluso aquí. Ayer había trescientas personas fuera del set. Es de locos. Cualquier persona con la que me encuentre un día cualquiera conoce a algún apasionado de los libros. Cuesta mucho hacerse a la idea. Puedo pasar por la aduana de cualquier aeropuerto del mundo, que siempre hay algún agente que me dice: "¿Me firma un autógrafo para mi hija?". ¡Cada vez! ¡Es increíble! Sólo espero no cambiar de modo de pensar y esas cosas.» Eso parecía muy improbable, dada la sensatez que demostraba.

La maquinaria publicitaria de *Luna nueva* funcionaba ya a pleno rendimiento: se colgaban videoclips de la película en Internet y había un goteo constante de noticias sobre el rodaje. Fue así como las fans supieron que el reparto estaba a punto de trasladarse a Italia para filmar la secuencia en la que Edward casi perece a manos de los Volturi.

Rob parecía más feliz y relajado que nunca. Pero, irónicamente, el hombre que se había convertido en la estrella de cine más deseada del mundo apenas actuaba en la película.

163

11

Rob, el músico

Mientras la presión en torno a Rob no paraba de crecer, su modestia natural y su capacidad para reírse de sí mismo lograban mantenerlo con los pies firmemente anclados en tierra. Había, no obstante, otra faceta suya que también contribuía a aliviar su estrés: el amor por la música, la gran pasión de su vida.

Rob siempre había sido aficionado a la música; en cierta época, incluso había considerado la posibilidad de dedicarse a ella profesionalmente. Tocaba diversos instrumentos desde muy pequeño. El papel de Edward Cullen le había proporcionado, casi con toda seguridad, una carrera larga y notable, pero de haber seguido el camino del cine independiente, y de haber acabado su carrera prematuramente, tenía otras alternativas. Siempre podía volver a su primera vocación.

Nunca había ocultado esta aspiración, aunque con frecuencia parecía avergonzado ante la idea de aprovechar el éxito de *Crepúsculo* para labrarse una carrera en el mundo de la música. Al preguntarle TheImproper.com a qué se habría dedicado de no ser actor, su respuesta fue inmediata: «Habría sido pianista. Toco tres instrumentos, canto y escribo canciones. Siempre digo que, si la interpretación es mi primer amor, la música sería mi plan B para hacerme famoso. Puede que suene un poco pretencioso, pero es la verdad. La música ocupa un lugar muy importante en mi vida. No podría vivir sin música».

En realidad, la música había sido su plan A hasta que se le presentó la oportunidad de ser actor. Por eso ha dicho tantas veces que casi se dedicó a la actuación por casualidad: siempre ha tenido la cabeza en otra cosa. «Toco mucha música —contó a Vanity Fair.com—. A eso quería dedicarme antes de que surgiera por accidente esto de la actuación. Quería ser músico. Mis mejores amigos lo son y todos tienen discos y contratos, y ahora yo me dedico a actuar.»

No es de extrañar que tuviera sentimientos tan fuertes al respecto: durante toda su vida había estado relacionado con la música. Empezó a tocar el piano siendo aún muy niño, cuando tenía unos tres años, y entre los cinco y los doce años estudió guitarra clásica. Después de un largo paréntesis durante la adolescencia, volvió a la guitarra, esta vez para tocar *blues*. Desde entonces no ha parado. Alguna vez ha contado que cuando era más joven quería ser rapero. «Eso quería hacer, ser rapero. Pero no tengo físico para ello: no parezco peligroso.»

Lo que de verdad le gustaba, sin embargo, era tocar en acústico. «Antes me encantaba tocar en vivo en los bares en los que había micrófono abierto —contó a TheImproper.com—. Podías volverte loco y tener completa libertad.» Fue en una de esas sesiones cuando, tras oírle tocar, el novio de su primera novia (como él mismo dijo) lo invitó a unirse a la banda Bad Girls.

Rob empezó a actuar intermitentemente con ellos bajo el seudónimo de Bobby Dupea (ahora hay, por cierto, una página de Bobby Dupea en Facebook, aunque gestionada por fans de Rob, no por él mismo). Así se llama el personaje protagonista de *Mi vida es mi vida*, una película de 1970 en la que Jack Nicholson, el actor preferido de Rob, interpreta a un ex pianista con muy poco talento. Era su forma de rendirle homenaje.

Rob describiría más tarde su experiencia con los Bad Girls en una entrevista: «Hace años tocaba en un grupo. No era un grupo de verdad, sino más bien músicos que se juntaban, iban y venían. Me gustaba tocar en los bares cuando había micro abierto y esas cosas porque era el único momento en que de verdad me sentía libre».

Su familia también tenía relación con la música. Su hermana mayor, Lizzy, cantante y compositora, forma parte del tío Aurora UK, con el que actúa a menudo junto al guitarrista Sacha Collisson y el teclista Simon Greenaway. Cantaba, además, con Milk & Sugar. Unos años antes de que las composiciones de su hermano entraran a formar parte de la banda sonora de *Crepúsculo*, Lizzy consiguió cierto éxito: en 2002, Aurora sacó un sencillo y un álbum que, con el título común de *Dreaming*, alcanzaron las listas de éxitos del Reino Unido.

Poco después, el grupo publicó un segundo sencillo, *The day it rained forever*, que, como el anterior, entró en el top veinte. Entre tanto, la canción *Let the sunshine in*, que Lizzy grabó con Milk & Sugar, alcanzó el puesto número uno de la lista de éxitos *dance* de la revista *Billboard* en 2004. Tampoco fue Rob el único Pattinson en participar en la banda sonora de *Crepúsculo*: Lizzy grabó los coros del tema *Who are they?*, de Carter Burwell, que suena cuando Edward entra en la cafetería del instituto.

Así pues, Rob conocía la industria discográfica desde dentro y sabía lo duro que era ese mundo. «Creo que la gente no debería aspirar a tener un contrato —contó en Virgin.net poco después del estreno de su primer *Harry Potter*—. Mi hermana se esfuerza muchísimo por ganar dinero, y eso, creo yo, te hace polvo. Me parece mucho más fácil ganar dinero en el mundo de la interpretación. No es que sea más fácil, pero no tienes tantas presiones. No hace falta que seas tan humilde, mientras que en la industria de la música tienes que inclinarte delante de un montón de gente para que te hagan caso.»

166

Quien hablaba era un joven que acababa de anotarse su primer gran éxito. Lo que sucedía, en realidad, era que la carrera de Rob comenzaba a superar en importancia a la de su hermana. Mucha gente que intentaba en vano triunfar en el mundo de la actuación no habría estado de acuerdo en que fuera fácil tener éxito en ese negocio.

Aun así, ver lo mucho que tenía que esforzarse su hermana no disuadió del todo a Rob. Antes de que su carrera como actor despegara, quiso dedicarse a la música. «Es curioso, pero cuando era más joven no aspiraba en absoluto a ser actor —contó al *Daily Telegraph* antes del estreno de *Crepúsculo*—. Quería tocar el piano en un bar, ser el viejo de las greñas y el vaso de whisky. Me encanta el piano. Y la verdad es que en la película han usado algunos temas míos.»

Así era, en efecto, como ya se ha dicho. Rob escribió las canciones a medias con sus amigos Marcus Foster, Bobby Long y Sam Bradley. Era casi inaudito que una joven estrella del celuloide contribuyera a la banda sonora de una película con temas propios. Cantar sí, quizá, pero ¿componer? ¿Cómo surgió la idea? «Por accidente —contó Rob a film.com, mostrando su modestia habitual, intacta todavía pese a hallarse desde hacía tiempo en el ojo del huracán— Creo que Nikki [Reed] le dio a Catherine [Hardwicke] un CD que yo había grabado en mi ordenador. Era de hacía años. Me parece que Catherine lo metió en una secuencia y al principio yo no me di cuenta de lo que era. Pero la verdad es que quedaba muy bien. No le di importancia [porque] no sabía que iban a incluirlo en la banda sonora. Quise que usaran un seudónimo, porque me pareció que me descentraría, y así ha sido. Seguramente fue todo un gran error. Pero me gusta la idea. Creo que la canción encaja bien ahí [*Let me sign*, en la secuencia de la escuela de ballet]. No parezco yo, creo, así que pensé que podía funcionar. Pero mi intención no es labrarme una carrera en la música gracias a eso, ni nada por el estilo».

Rob empezaba a ponerse a la defensiva. Había descubierto un nuevo inconveniente de la fama: que la envidia podía empujar a algunos compañeros y personas que trabajaban en la industria del cine a desprestigiarte de cualquier manera posible. Hubo quien dio a entender que la música de Rob se había incluido en la banda sonora por razones ajenas a sus méritos intrínsecos. Aquello era absurdo, desde luego, pero impulsó a Rob a mostrarse más susceptible de lo debido.

Stephenie Meyer y Catherine Hardwicke le prestaron todo su apoyo. En la Comic-Con de 2008 calificaron de «alucinante» la música de Rob. Catherine estaba tan impresionada que cuando, en un programa de la KCRW, una emisora de radio de Santa Mónica, le pidieron que pinchara sus temas preferidos, eligió entre ellos *Let me sign*.

«Tras montar toda la secuencia del sueño [después de que Bella resulte herida en la escuela de ballet], la llevamos en mi ordenador a un pequeño estudio del valle, y Rob, literalmente, cantó y tocó mientras veía las imágenes en pantalla —contó

167

hablando de ese tema en concreto—. Lo vi cantar la canción unas diez veces de maneras diferentes. Y cada vez sonaba como si fuera completamente distinta, porque de él salía una especie de emoción en bruto. En cierto sentido, creo que ésa es mi vivencia preferida de estos últimos dos años: estar allí, en el estudio, y ver cómo surgía la música del cuerpo de otra persona.»

Era todo un homenaje. Como el hecho de que el propio Rob comenzara a inspirar a otros músicos. Sarah Williams escribió una canción titulada *She wants to be Mrs. Robert Pattinson* [«Ella quiere ser la señora de Robert Pattinson»] para su hija, Chariss Amber, gran admiradora de Rob, y la colgó luego en una de las numerosas páginas web dedicadas al actor. Porque había ya páginas dedicadas expresamente a la música de Rob, además de a su faceta interpretativa. Su talento para la canción lo hacía aún más deseable, si cabe. No sólo era un festín para los ojos y un gran actor, sino que además tenía alma de poeta.

Como era de esperar, y posiblemente para ahuyentar cualquier posible crítica, Rob se apresuró a restar importancia a sus méritos musicales en lo relativo a la película. «Es sólo una cancioncita un poco rara —dijo en referencia a *Let me sign*, que por entonces todavía no tenía título—. Va un poco a su aire. Suena en un momento muy extraño de la película, hacia el final, pero no está relacionada con Edward. Hay un corte [que vi el otro día] en el que aparece la canción.»

Pocas personas estarían de acuerdo con su descripción de la canción. *Let me sign* es un tema profundamente emotivo cuya letra parece a veces difuminada, casi gruñida más que cantada, lo cual encajaba a la perfección con las imágenes para las que la utilizó Catherine Hardwicke: el trémulo delirio que acompaña la progresiva pérdida de conciencia de Bella tras el feroz ataque de James.

Como en el caso de *Never think*, la canción de Rob incluida en la banda sonora oficial, el estilo de *Let me sign* dejaba entrever sus influencias artísticas. Porque los gustos de Rob no son muy actuales: prefiere el *blues* al viejo estilo, el de Van Morrison, John Lee Hooker o Elmore James, genios con los que ambas canciones estaban en deuda.

Never think, el décimo tema de la banda sonora original,

comienza con un suave rasgueo de guitarra acústica que esboza la melodía. Esta introducción instrumental, obsesiva y melancólica, dura más de un minuto. Luego, Rob canta suavemente el inicio de la letra y sostiene la canción con su voz hasta el final. Tiene una voz maravillosa: envolvente y empapada de emoción, recuerda, de hecho, al «viejo de las greñas y el vaso de whisky» al que aspiró a ser en un principio, y sugiere una madurez y una tristeza impropias de su edad. Hay algo casi doloroso en su forma de cantar, lo cual dota al tema de una potente eficacia.

En general, su trabajo tuvo una excelente acogida. Pero, por desgracia, Rob descubrió que triunfar en un campo lo obligaba a descuidar el otro. Debido a su popularidad creciente tuvo que abandonar uno de sus pasatiempos favoritos: cantar en público. Aparte del peligro de verse asaltado por sus fans, corría el riesgo de que lo grabaran sin su permiso. Ya no podía relajarse tocando en vivo, ni en un bar con micrófono abierto ni en una actuación semiformal. Como explicó en una entrevista: «Todavía intento tocar, pero resulta muy extraño, porque desde que intento hacerlo como actor, siempre me parece que queda un poco hortera. Actué un par de veces en Los Ángeles y la gente me grabó y luego lo colgó en Internet. Y eso lo echa todo a perder. Porque piensas: "No se trataba de eso". Así que he dejado de tocar en público».

169

Rob no se dio cuenta de que lo estaban grabando en esas actuaciones, así que cuando los vídeos aparecieron en Internet se quedó de piedra. Recibió, además, duras críticas desde ciertos sectores por cantar temas ajenos. Era muy injusto, pero también formaba parte del precio que había que pagar por la fama.

El propio Rob contó a TheImproper.com lo que habían significado esas actuaciones para él: «[Fueron] una experiencia catártica. He perdido una parte muy importante de mi vida», comentó con una crudeza poco frecuente que parecía salida directamente del corazón.

Conservaba aún, sin embargo, una tenue esperanza de recuperar su antiguo estilo de vida. «Voy a esperar a que todo esto pase antes de volver a tocar», confesó. Pero faltaban por estrenarse al menos dos entregas más de la serie *Crepúsculo*, y nada indicaba que su popularidad fuera a decaer. Quizá tendría que esperar años.

Crepúsculo no fue la única película a cuya banda sonora contribuyó Rob. En *How to be* también cantó tres canciones escritas por Joe Hastings y Oliver Irving: *Chokin' on the dust*, primera parte, *Chokin' on the dust*, segunda parte, y *Doin' fine*, temas que, debido a su fama, han suscitado un enorme interés entre sus fans.

Oliver Irving, el guionista y director de la película, se declaraba encantado con el resultado en la página web del film: «La música es extremadamente importante en toda la película y formó parte del guion desde el principio. Estoy muy satisfecho con la banda sonora y con el trabajo de todas las personas que participaron en ella. Resume perfectamente el espíritu de la película».

Si a ello se suman las alabanzas que había recibido su trabajo en la banda sonora de *Crepúsculo* y su probada trayectoria musical, sería lógico pensar que Rob se consideraría ya un músico en toda regla. Pero pese a su larga relación con la música seguía preocupándole que sus admiradoras pensaran que intentaba aprovechar la ocasión que le ofrecía su carrera como actor y lo criticaran por ello.

Como contó en *Los Angeles Times*: «Eso es lo que me da miedo. Que parezca que intento aprovechar para dedicarme a la música, o algo así. Nunca he grabado nada, en realidad. Sólo tocaba en bares y esas cosas. Y no quiero que parezca que intento hacer caja. Espero que no dé esa impresión. No voy a grabar videoclips ni nada por el estilo».

No daba esa impresión, desde luego. Y Rob no debería haber dudado de su valía como músico: siendo *Crepúsculo* un proyecto tan importante, Summit no habría consentido que sus canciones se incluyeran en la banda sonora si no hubieran tenido la calidad suficiente. Y la tenían, desde luego.

En el momento de escribir estas páginas, no estaba previsto que la música de Rob sonara en *Luna nueva*. Rob dejó entrever, sin embargo, que tenía otros proyectos para el futuro: «Estoy en conversaciones para componer la banda sonora de otra película —contó a Fandango.com—. Aún no puedo decir cuál es, pero me encantaría hacerla. No creo que vaya a aparecer en la de *Luna nueva*, pero nunca se sabe». Y en declaraciones a *Los Angeles Times* confesó: «La música es mi plan de emergencia, por si falla la actuación. No quiero jugármelo todo a una carta».

Así pues, no está descartado que vaya a grabar un disco, aunque le preocupe que parezca estar aprovechando el tirón de *Crepúsculo*. «Creo que, si lo hiciera, lo publicaría con otro nombre y no haría promoción —reveló en la MTV—. O quizá podría sacarlo con el nombre de Edward Cullen y ver qué pasa. Sería muy evidente. Pero ¿quién sabe? Seguramente tardaré en hacerlo. En realidad, no me interesa dedicarme profesionalmente a la música. No me preocupa que la gente compre mi música o no.»

Lo cierto es que le habría preocupado muchísimo. Pero, dejando a un lado otras consideraciones, en ese momento de su carrera no tenía tiempo. Porque, además de ultimar *Luna nueva*, tenía un montón de nuevos proyectos entre manos.

Sus admiradoras, entre tanto, estaban absortas en un asunto muy distinto: ¿habría encontrado su ídolo al fin el amor?

171

12

Robsesión

*L*a escena no era nueva: el centro de convenciones estaba repleto y una ensordecedora muchedumbre de chicas llenaba las calles. Por allí desfilaron algunas de las grandes estrellas de Hollywood (entre ellas, Johnny Depp), pero, como había sucedido un año antes, todas las miradas estaban puestas en una única persona: Rob. En el verano de 2009, un año después de la aparición que había evidenciado su nueva condición de astro del celuloide, Rob volvió a la Comic-Con de San Diego. Y su estrella brillaba aún más que antes.

Había una gran diferencia, sin embargo: aunque iba a participar en las ruedas de prensa y a aparecer ante las fans, no concedería entrevistas personales. Tal era el interés que suscitaba su vida privada (o, mejor dicho, todo cuanto hacía) que Rob había entrado a formar parte de esa esfera en la que habitan personajes tales como Tom Cruise, Brad Pitt o el propio Johnny Depp. Ya no se le pedía que hiciera confesiones íntimas. Sólo las grandes celebridades pueden prescindir de conceder entrevistas. Y Rob se contaba ahora entre sus filas.

Había sido un año vertiginoso. Casi de un día para otro, Rob había pasado de ser prácticamente un desconocido a encabezar la lista de los hombres más deseados. Estaba, sin embargo, en buena forma. Se reía y bromeaba con sus compañeros de reparto, quitándose importancia, como siempre. En una rueda de prensa, lejos de las multitudes, le preguntaron si había cambiado durante el año anterior: «No lo sé —contestó—. Me gusta pensar que no mucho. No creo que en el fondo haya cambiado. Creo que miro las cosas con bastante distancia. O a lo mejor es que me pasa algo en el cuello. No. La verdad es que es increíble. No creo que ninguno de nosotros se esperara todo esto. Sobre todo, porque la magnitud de esta franquicia no para de crecer. La Comic-Con nos abrió los ojos en ese sentido, y desde entonces esto se ha hecho cada vez más grande. Resulta interesante intentar afrontarlo».

Respecto a los altibajos del año anterior y a cómo se las ingeniaba para llevar una vida normal, respondió: «No sé. Sigo pensando que todo esto es muy nuevo, por lo menos para mí. No creo que haya nada negativo, en realidad. Sigo viviendo prácticamente igual que antes, salvo porque la gente me reconoce por la calle. Pero eso no es precisamente lo peor del mundo. De todos modos, nunca hago nada normal. Ahora lo hacen otros por mí».

Luna nueva iba a ser una película muy distinta a *Crepúsculo*. Rob/Edward aparece poco en ella: el protagonista es Taylor/Jacob, que ha de aceptar su destino de hombre lobo. Todavía no estaba claro cómo iban a encajar las fans la ausencia de Edward, pero Rob insistía en que aquélla era su novela preferida de la serie porque ofrecía una perspectiva totalmente distinta de su personaje.

«Creo que mi favorita es la escena de la ruptura —dijo—. Porque con suerte tendrá unos cuantos niveles de interpretación más que la relación de pareja de *Crepúsculo*. Fue interesante. Una escena con unas cinco páginas de diálogo. En la primera no había nada parecido, y es un momento bastante interesante. Además, deja de lado todos los elementos sobrenaturales de la historia, y eso me parece estimulante.»

Ésa era, en efecto, una de las claves de su interpretación: que no veía a Edward como un vampiro, sino como un individuo atormentado que intenta hacer lo correcto. El libro ahonda en la idea del sacrificio personal: el personaje de Edward siempre ha tenido que refrenarse al lado de Bella porque no quiere hacerle daño, y ahora se ve obligado a abandonarla por completo. Rob lo había visto en el libro, y había sabido valorarlo.

Tal y como contó: «Creo que *Luna nueva* es también mi libro preferido, sobre todo porque me gusta la yuxtaposición que se da de repente entre tanta gente… Edward es un perso-

173

naje muy conocido, hay mucha gente que lo considera un héroe romántico. Pero en *Luna nueva*, al menos según lo veo yo, ocupa una posición muy humilde. El personaje mira a Bella y piensa que la ama demasiado y que no puede estar con ella. Y empieza a minar su relación premeditadamente, lo cual me parece algo muy doloroso y con lo que es fácil identificarse».

Rob tenía algo más que añadir. En *Luna nueva*, Edward, desesperado al creer que Bella ha muerto, decide desvelar su naturaleza exponiéndose a la luz del sol y hacerse matar por los antiquísimos vampiros de Italia. Es Bella quien lo rescata a él y no al contrario. A Rob le gustaba ese giro tan poco frecuente en la noción del héroe romántico: «Sí, en la pelea final Bella acaba salvando a Edward, como pasa en todos los libros. Así que me hace gracia que todo el mundo considere a Edward el héroe cuando en realidad es la damisela en apuros quien lo salva continuamente. Creo que él se da cuenta en *Luna nueva*. Por eso siempre me ha gustado la novela».

Era un análisis muy sensato de su personaje. Pero ése no fue el único motivo por el que Rob levantó expectación en la Comic-Con. Desde hacía tiempo se especulaba con su supuesta relación con Kristen fuera de la pantalla. Pero en la Comic-Con no se les vio muy unidos. Kristen parecía pasar más tiempo con Taylor, y hasta concedía entrevistas con él, más que con Rob. ¿Qué estaba pasando? ¿Habían «roto»?

Lo que pasaba estaba relacionado, al parecer, con la historia que narra la película: el estudio había intervenido. Del mismo modo que Bella, el personaje al que interpreta Kristen, se siente dividida entre Edward y Jacob, cabe sospechar que la productora quería que la actriz se sintiera asimismo dividida entre Taylor y Rob. Si mucha gente iba a ver la película era por Rob. Pero no era él quien más aparecía en pantalla. Ese honor correspondía a Taylor.

«Ahora mismo, los que importan son Kristen y Taylor —contó a E!Online una fuente anónima—. La gente los empuja a estar juntos en los medios de comunicación y entre bambalinas porque el estudio sabe que el mundo entero los está observando. ¿Rob y Kristen? No. ¡Rob casi no sale en la película! La secuela trata principalmente de la relación entre Taylor y

Kristen, así que los fans tienen que acostumbrarse a verlos juntos, no a ver a Kristen y a Rob. Así van a ser las cosas.»

De este modo iba a ser en público, claro está, porque entre bastidores las cosas eran muy distintas. Cualquiera que pasara un rato con Rob y Kristen comentaba lo bien que parecían llevarse: «Tienen una química increíble», declaró Ashley Greene, una de sus compañeras de reparto en *Luna nueva*. «Son personas con las que uno siente que puede identificarse —añadió Melissa Rosenberg, guionista de la película—. Eso las distingue de los demás en muchos sentidos.» Y ahora se sabía que Kristen había puesto fin a su relación con Michael Angarano, su novio de siempre.

El propio Rob había echado leña al fuego de los rumores: «Claro que estaba loco por Kristen —contó a la revista *Bop* en julio de 2009—. Lo primero que se te ocurre es pedirle su número de teléfono. Y luego preguntarle qué método anticonceptivo usa. ¡Es broma!». Luego, sin embargo, diluyó la cuestión cambiando de tema para hablar de Emma Watson, su compañera de reparto en *Harry Potter*. «Es alucinante, de verdad —continuó—. Parece mucho mayor de lo que es. A mí me infunde mucho respeto. Siempre me descubro intentando impresionarla. Es muy, muy lista.» ¿Estaba diciendo que le gustaba Emma? Rob enturbió las aguas un poco más aún: «Creo que todos tenemos derecho a enamorarnos varias veces. En mi opinión se puede querer a diez personas al mismo tiempo».

175

Emma Watson dio lugar a las especulaciones al referirse primero a que Rob y Kristen eran pareja para negarlo después. Y, naturalmente, a la maquinaria publicitaria que rodeaba a Rob le interesaba afirmar que seguía sin compromiso: mientras no se dejara ver del brazo de ninguna mujer, seguiría siendo el objeto de deseo de todas esas chicas que soñaban con conocerlo algún día. Esto aumentaba su valor de mercado, lo que a su vez disparaba los beneficios de las películas en las que participaba, etcétera.

Harry Potter aún daría que hablar, esta vez a causa del propio Harry, es decir, Daniel Radcliffe. Rob había sido muy generoso con él en el pasado. Ahora era el turno de Daniel. No había duda posible: su antiguo compañero de reparto lo había superado (había superado a todo el mundo) en cuanto a número de fans, y así lo reconoció Daniel: «Rob Pattinson es un *sex symbol* —dijo en declaraciones a Usmagazine.com en el estreno norteamericano de *Harry Potter y el príncipe mestizo*, el 10 de julio de 2009—. Es un tío *sexy* de verdad. Tiene altura para serlo. Si a las chicas les gustaran los bajitos patosos, el *sex symbol* sería yo. Hemos hablado muy poco estos últimos tres años, y eso fue antes de que se estrenara *Crepúsculo*. Pero le deseo lo mejor. Espero que nos veamos alguna vez. Supongo que en algún momento aparecerá en uno de estos estrenos».

Daniel era una de las pocas personas que podía entender por propia experiencia lo que estaba viviendo Rob, al menos en cuanto a la popularidad de sus películas. No tenía inconveniente en reconocer que se conocían poco, pero sabía muy bien la situación en la que se encontraba su antiguo compañero. «No voy a fingir que somos grandes amigos o que nos conocemos íntimamente, pero disfrutamos trabajando juntos, o al menos yo disfruté trabajando con él», afirmó en una rueda de prensa antes del estreno de su película. «Lo está haciendo muy bien, y eso es fantástico. Lo que más interesante me parece es que *Crepúsculo* es la única franquicia que se acerca a *Harry Potter* en cuanto a la locura que desata, la atención que suscitan sus protagonistas y lo famosa que es en todo el mundo.»

Todo esto, sin embargo, tenía poca importancia comparado con la curiosidad que despertaba lo que estaba sucediendo entre Kristen y Rob. Ambos seguían negándolo todo, y nadie sabía ya si decían la verdad o no. Lo que no podían hacer era ocultar su lenguaje corporal. Durante la Comic-Con estuvieron separados físicamente, pero apenas se quitaban ojo: se seguían continuamente el uno al otro con la mirada por el inmenso auditorio. Pero eso tampoco era de extrañar. Sobre ellos pesaba la maldición de muchas parejas del mundo de la farándula: el trabajo los mantenía separados largas temporadas. Rob había estado en Nueva York rodando la película independiente *Remember me* junto a Pierce Brosnan. Mientras, Kristen estaba en la otra punta del país, interpretando a Joan Jett en *The runaways*. Hacía mucho que no se veían cuando coincidieron en la Comic-Con.

Rob había sabido aprovechar el tiempo, entre tanto. *Remember me* es la historia de otra pareja conflictiva cuya relación se ve puesta a prueba por una serie de tragedias familiares. Rob hacía de Tyler Roth, un joven que intenta superar el suicidio de su hermano. Entre sus compañeros de reparto estaban Pierce Brosnan, que hacía de Charles, su padre; Emilie de Ravin, que interpretaba a su novia, Ally Craig, la cual había presenciado el asesinato de su madre; y Lena Olin, en el papel de Diane, la madre de Tyler. Para Pierce Brosnan aquello tuvo que ser una experiencia un poco extraña: no hacía tanto tiempo que había sido uno de los grandes galanes del cine, gracias al papel de James Bond. Ahora, en cambio, las multitudes de fans enfervorizadas que rodeaban el set estaban allí para ver a otro.

De hecho, Rob era tan famoso que su seguridad parecía correr peligro. Su situación había cambiado tan drástica y repentinamente que los responsables de la película no previeron lo que ocurriría cada vez que Rob saliera a la calle. Una página web dedicada al «famoseo» fue testigo de cómo podían desmandarse las cosas. Un día corrió la noticia de que Rob estaba rodando en la librería Strand de Broadway. Cuando salió de la tienda se había congregado tal multitud de fans que tuvo que echar a correr por la calle empapada por la lluvia, camino de las oficinas de la productora. Pero había tanta gente (las fans, histéricas, le hacían fotos, le pedían autógrafos, intentaban tocarlo —una incluso consiguió abrazarlo—) que tuvo que salirse de la acera. Se salvó por los pelos: un taxi pasó rozándolo, pero Rob salió ileso. Aquello puso en entredicho la labor de los responsables de la película, a los que se criticó por no cuidar adecuadamente de su protagonista.

Rob, no obstante, iba protegido por varios guardaespaldas. «¿Veis lo que estáis haciendo? ¡Habéis estado a punto de matarlo!», les gritó uno de ellos a las fans, casi todas chicas adolescentes. Había en total tres gorilas que lograron a duras penas refrenar a sus admiradoras. Rob parecía estupefacto. Pero enseguida se puso en marcha el control de daños. «Los informes son exagerados —declaró Vivian Meyer, la portavoz de la productora—. No fueron las fans. La producción sigue adelante.»

Aquello era una prueba más de que Rob ya no podía llevar una vida normal. Rodar *Remember me* se estaba convirtiendo en un suplicio: las fans usaban Twitter para comunicarse dónde estaba Rob en cada momento, de modo que aparecían allá donde iba para volver a acosarlo.

Sus propias seguidoras comenzaban a darse cuenta de que se estaban pasando de la raya. *J-14*, una revista para adolescentes, pidió a través de Internet que las fans velaran por su seguridad: «Sí, nos gustaría estar todo el tiempo con Rob. Y saber dónde está en cada momento casi te da la sensación de que así es. Pero las cosas tienen un límite. Aliémonos todas para proteger a Rob».

Un miembro del equipo de la película describió en una conversación con la revista *People* el tipo de vida que llevaba Rob: «La gente se pasa todo el día intentando verlo aunque sea de pasada, y se vuelve loca cuando por fin lo ve. Creo que él lo agradece. No le da mucha importancia. De momento es un tipo bastante tranquilo y relajado. Creo que le choca un poco que la gente se pase fuera todo el día intentando verlo, pero lo agradece». Y era lógico que lo agradeciera: aquello dejaba claro hasta qué punto era deseado.

Sin embargo, también podía ser muy perturbador. Unos meses antes, Rob estuvo en Italia con el resto del equipo para filmar las escenas de los Volturi, y allí vivió una experiencia parecida e igual de inquietante. «Que la gente grite constantemente al verte es una experiencia muy emotiva —contó a EW.com—. Cuando estuve en Italia, la gente se puso a chillar en una librería. Enseguida te dan ganas de ponerte a llorar. Yo no creía que fuera a reaccionar así. Pero cuando la gente descarga montones de energía sobre ti, tú sientes esa energía. Y es abrumadora.» Lo era, pero Rob tenía que aprender a salir del paso.

En Nueva York (cuando no estaba jugándose el tipo con fans que lo empujaban delante de taxis en marcha), Rob se lo pasaba en grande. Posiblemente no haya en el mundo una ciudad más elitista que la Gran Manzana y, teniendo en cuenta lo famoso que se había vuelto Rob, a los neoyorquinos les encantaba contarlo entre sus filas. Se le veía en el hotel Bowery, en el bar Black and White y en el Cabin, un local de moda, divirtiéndose con sus amigos. Era, sin duda alguna, uno de los personajes más populares de la ciudad.

Con Kristen en Los Ángeles, a miles de kilómetros, los rumores en torno a su vida amorosa continuaban. Se vio a Rob en una playa besando a Emilie, su compañera de reparto en *Remember me*. Cuando se calmó el revuelo que levantó la noticia, resultó que se trataba de una escena de la película. También se lo relacionó con la actriz Camilla Belle (con la que fue fotografiado en uno de esos encuentros casuales, entre bastidores del festival de cine de Hollywood, al recoger el premio Nuevo Hollywood), pero, como de costumbre, todo el mundo mantuvo los labios bien sellados. Camilla recurrió a la respuesta más socorrida: dijo que sólo eran amigos, pero las especulaciones continuaron.

Las alabanzas seguían lloviéndole. En junio, *Vanity Fair* realizó una consulta entre sus lectores preguntándoles quién era el hombre más guapo del mundo. Ganó Rob. E!Online organizó una encuesta para que las fans eligieran al hombre más deseable del verano: se les dio a elegir entre Rob, Zac Efron, Channing Tatum y Brüno (es decir, Sacha Baron Cohen). Rob consiguió el 60 por ciento de los votos. Incluso Sacha era consciente de que Rob se había convertido en todo un fenómeno: en unas de las muchas entrevistas que concedió caracterizado como Brüno (esa *fashion victim* austriaca y *gay*), en este caso para el *Mirror*, comentó: «*Ich* tengo *parreja*. *Perro* si ese tal Robert Pattinson me *hicierra* esa pregunta, le *chuparría* el cuello tan deprisa que no le *darría* tiempo ni a decir "cochino *vampirro*"».

Elle.com comparó a Rob con otro actor famoso, sólo que esta vez el elegido estaba muy por encima de Jude Law: era nada menos que Brad Pitt (quien, por cierto, también había protagonizado otra película de vampiros, *Entrevista con el vampiro*, en 1994). En el Reino Unido, la página Telegraph.co.uk compiló una lista de los cincuenta solteros más deseables del país: la única sorpresa fue que Rob ocupara el tercer puesto, en vez del primero, por detrás del príncipe Harry y de George Lamb, como había sucedido en otras listas de «solteros de oro».

179

Mientras tanto, al acercarse el estreno de *Luna nueva*, los responsables de la película, conscientes de que la popularidad de Rob era tal que su ausencia prolongada sólo podía perjudicar a la película, se apresuraron a aclarar la cuestión. Todo el mundo sabía que Rob se había convertido en una gran estrella, pero, dado el nivel de atención mediática que concentraba, cabía la posibilidad de que su escaso protagonismo en la película ahuyentara al público. Era bastante improbable, teniendo en cuenta que sus fans habrían ido a verlo aunque sólo hiciera un cameo, pero los productores querían dejar claro que *Luna nueva* era tan suya como la entrega anterior de la serie. Aunque Edward no apareciera en pantalla constantemente, su presencia lo impregnaba todo. En lugar de los famosos pasajes del libro en los que Bella le oye hablar dentro de su cabeza (y se expone por ello a situaciones cada vez más peligrosas para volver a escuchar su voz), Rob aparecería en pantalla, en forma de visión.

«*Luna nueva* no pone los fundamentos de nada, pero plantea una serie de retos específicos, porque es muy íntima —explicó la guionista Melissa Rosenberg—. Se ha hablado mucho de que Edward y los Cullen no van a aparecer en la mitad de la película, pero no es así. Edward está muy presente en la mente de Bella durante todo el film. [...] Creo que los seguidores de la serie de libros quedarán muy satisfechos con lo que estamos haciendo. Primero, porque la película es muy fiel al libro, y, segundo, porque Edward está ahí. Y eso no puede ser malo.»

El interés que suscitaba Rob no pareció decaer a medida que avanzaba el verano. En julio apareció en la portada de *People* (lo que causó cierta indignación, porque la revista dedicó a Rob su reportaje principal, relegando a un segundo plano la muerte del célebre periodista Walter Cronkite), con el encabezamiento: «Su complicada vida amorosa». La revista reiteraba de nuevo que era a Kristen a quien Rob quería de veras. Pero, de nuevo, nadie soltó prenda.

Corrían rumores de que la propia Kristen empezaba a alarmarse por las habladurías acerca de la relación de Rob con Emilie, pero nadie podía afirmarlo con total seguridad. De todos modos, aquellas especulaciones no molestaban a los responsables de los diversos proyectos en los que estaba involucrado

Rob: en realidad, estaban encantados con la publicidad que generaba su protagonista, y todo ello sin mover un solo dedo.

La revista *OK!* entrevistó a Christian Serratos, que en las películas interpreta a Angela Weber, la amiga y compañera de clase de Bella. Puede que ése fuera el momento en que se estuvo más cerca de conocer la verdad. Al preguntársele si Rob se había convertido en un mujeriego durante el año anterior, Christian contestó: «No creo. Si acaso, es más humilde y más introvertido que antes». Y respecto a su supuesto romance con Kristen, comentó: «No lo sé, de verdad. No lo sé. Es posible. Pero también es posible que sea todo una idiotez. No lo sé. En todo caso, va a ser interesante averiguarlo».

Y así llegamos al futuro de Rob. Por fin se había confirmado, para alborozo de sus fans, que los cuatro libros de la serie iban a llevarse al cine y que Rob participaría en todas las películas, lo que implicaba que habría que rodarlas a toda prisa. Rob se estaba haciendo mayor, pero Edward no, de modo que las últimas películas de la serie se rodarían seguidas. El tiempo apremiaba: *Eclipse*, la tercera película, se estrenaría apenas siete meses después que *Luna nueva*. Edward aparecía poco en la segunda entrega, pero sus admiradoras no tendrían que esperar mucho tiempo para verlo en brazos de Bella para siempre.

Stephenie Meyer, entre tanto, seguía tan involucrada en el proceso como siempre. Trabajaba en el plató con los actores y supervisaba muchos otros proyectos relacionados con *Crepúsculo*. A finales de junio estuvo disponible, por encargo, la *Guía ilustrada de Luna nueva, la película*, y sólo dos semanas después, Stephenie anunció en su blog que Yen Press estaba preparando una novela gráfica basada en *Crepúsculo*.

Este último proyecto, muy visual, planteaba una cuestión muy interesante en lo que respecta a Rob. Porque aunque él se había convertido en parte del fenómeno *Crepúsculo*, más que al contrario, estaba claro que su interpretación había influido decisivamente en cómo se percibía ahora al personaje de Edward (y su apariencia física). El Edward del cómic tendría los mismos rasgos que Rob: los pómulos salientes, la línea de la mandíbula, su célebre cabellera. Lo contrario habría parecido un error.

Pero Rob tenía una vida y una carrera más allá de *Crepúsculo*, y para él era fundamental conservarlas. Los más pesimistas empezaban a predecir que su fama, que había crecido tan rápidamente y había sido de brillo tan súbito, no podía perdurar. Había verdadero peligro, decían, de que se quemara.

En realidad, no parecía muy probable. Rob había ampliado sus registros interpretativos con *Remember me*, y hablaba asimismo de otros proyectos. Como Daniel Radcliffe (que un par de años antes cambió el cine por Broadway y el West End), tenía planes de volver a subirse al escenario. El director teatral David Pugh, que trabajó con Daniel en la obra *Equus*, confirmó a la revista *Variety* que en 2010 Rob y él trabajarían juntos en un proyecto cuya índole, en el momento de escribirse estas líneas, seguía siendo un secreto celosamente guardado.

Y luego está la música. Aunque es muy improbable que eclipse su carrera como actor, sigue siendo un aspecto fundamental de la vida de Rob: es su refugio, su modo de relajarse y de escapar a su inmensa fama. La música no se ha convertido en su oficio, como él pensó en su momento, pero sí en un modo de recuperar la normalidad. Y la necesitará en los próximos años, porque todo indica que su fama continuará creciendo.

Sus amigos y allegados afirman que toda esa popularidad y esa adulación no se le han subido a la cabeza. El propio Rob cree que es Edward quien despierta tanto interés, no el actor que lo encarna. Es también consciente de que los gustos cambian deprisa y de que no siempre vivirá sometido a una presión mediática tan intensa, lo cual será un alivio en muchos sentidos.

Pero está haciendo planes para el futuro e intentando sacar partido a las muchas oportunidades que se le ofrecen. En cuanto a su relación con Kristen…, tienen el resto de las películas de la serie para estar juntos. Después, la vida amorosa de Rob (lo mismo que su carrera) quedarán en manos del destino.

Agradecimientos

Muchas gracias a Kate Gribble, mi maravillosa editora, y al propio Rob por ser un tema tan fantástico.

Virginia Blackburn, 2009

183

Fuentes

La autora se sirvió de gran variedad de fuentes para documentar este libro. Las que figuran en la siguiente lista fueron de especial ayuda:

Revistas

Blast
Booklist
Bop
Closer
Company
CosmoGirl
Empire
Entertainment Weekly
Evening Standard (semanario)
Glamour
GQ
Heat
Hello!
J-14
Kirkus Reviews
Life & Style
National Enquirer
Nylon Guys
OK!
People

Publishers Weekly
Random Interview
Saturday Night Magazine
School Library Journal
Seven
Sunday Times Style (suplemento)
Teen People
Time Out
TV Guide
US
USA Today

Periódicos

Chicago Sun-Times
Daily Express
Daily Mail
Daily Mirror
Daily Star
Daily Telegraph
Evening Standard
Examiner
The Guardian
The Independent
The Independent on Sunday
Los Angeles Times
Metro
New York Times
The Observer
The People
Philly Daily News
Providence Journal
The Sun
Sunday Telegraph
The Times
Tulsa World
Washington Post

Televisión

BBC
MTV News
Newsbeat
Newsround

Páginas web

www.AccessHollywood.com
www.agirlsworld.com
www.atwilightkiss.com
www.baltimore.metromix.com
www.britmovie.co.uk
www.canmag.com
www.colesmithy.com
www.EW.com
www.Fandango.com
www.FEARnet.com
www.film.com
www.hollywood.com
www.huffingtonpost.com
www.internetreviews.com
www.metromix.com
Pattinson Music
www.stuff.co.nz
www.teenhollywood.com
www.Teenread.com
www.TheImproper.com
www.TheStage.co.ul
www.trendhunter.com
www.Usmagazine.com
www.VanityFair.com
www.viewlondon.co.uk
www.Virgin.net

Gracias especialmente a Reuters.

187

Este libro utiliza el tipo Aldus, que toma su nombre
del vanguardista impresor del Renacimiento
italiano Aldus Manutius. Hermann Zapf
diseñó el tipo Aldus para la imprenta
Stempel en 1954, como una réplica
más ligera y elegante del
popular tipo
Palatino

***
**
*

Robert Pattinson, biografía no autorizada
se acabó de imprimir
en un día de invierno de 2010,
en los talleres de Brosmac,
carretera Villaviciosa de Odón
(Madrid)

***
**
*